“Wise men speak because they have something to say;
fools because they have to say something.”

— Plato

「賢者は、話すべきことがあるから口を開く。
愚者は、話さずにはいられないから口を開く」

プラトン（古代ギリシアの哲学者）

THE SPEECH《ザ・スピーチ》

人を動かす話し方

野村絵理奈

ポプラ社

はじめに

私がスピーチを教える会社を立ち上げたのは、今から15年前のことです。

その頃の日本は、まだビジネスでもプレゼンやスピーチの機会は限られた人にしかなく、話すことがビジネススキルであるとは誰も思っていませんでした。

「スピーチの技術を持っているとビジネスで有利です」とお話ししても、決まって、こう返されました。

「でもスピーチは、結局〈人〉だよね」

私は心の中でつぶやいていました。

『いえ、スピーチは技術です』

そう、スピーチの上手下手は技術です。それは、口下手だった私が話し方を習うことで、話し方のプロであるアナウンサーになり、それまでとは別人のようにコミュニケーションが得意になっていった経験があるから、言い切れることなのです。

それでも、多くの人がスピーチの上手下手は、その人の人格によって決まると信じているのであれば「結局〈人〉」の〈人〉の部分が何なのか、解明してみようと思いました。と言っても、私が解明したかったのは、スピーチを通して浮かび上がってくるスピーカーの人柄や人徳、という意味での〈人〉です。その人本来の性格や人格という意味ではなく、技術として〈人〉を伝える要素を解明したかったのです。

「相手に伝わらないことは、ないものと同じ」

もし、あなた自身の人柄が素晴らしく価値のあるものだったとしても、それが伝わっていなければ、それを備えていないのと同じです。であれば、〈人〉が伝わるスピーチにも、人柄を効果的に伝えるテクニックが使われているはずなのです。

確かに、歴史を動かしてきたような名スピーチを聞くとき、私たちはその内容を聞き取るのと同時に、スピーカーの人生や経験、性格や考え方にまで思いを馳せます。

本著でも、リーダーたちの名スピーチを数多く紹介していますが、そのようなスピーチには、自然と〈人〉の魅力がにじみ出ていて、私たちは引き込まれるように、その言葉に導かれます。

〈人〉を伝えることは、内容を上手に伝えるよりも重要なスピーチ技術なのです。

そして、〈人〉とは、等身大のあなたを伝えることです。

決して、優れた一部のリーダーにしかできないことではありません。

先に宣言したように、「話し方は技術」です。

スピーチが苦手なあなたでも、自分には語るほどの価値がないと思い込んでいるあなたでも、私がお約束します。

どんな人にでも、人の心を動かすスピーチはできます。

そのためには、まず、あなたの〈人〉を明らかにし、相手にあなたの魅力を余すことなく伝えることや、聞き手の共感を得て、望む結果を手に入れるための説得の方法を学ぶ必要があります。


この本を読み終える頃には、あなた自身も忘れていた、あるいは気が付かなかった、あなたという〈人〉が、はっきりと姿を現し、言葉にして誰かに伝えたくなっていることでしょう。

はじめに

第2章　どうやって〝共感〟を得るか

Lesson 4　聞き手の心を惹きつける

第3章 〝論理〟をどう組み立てるか

第4章 〝真意〟にアクセスする

序章

「人を動かすスピーチ」の方程式

スピーチの師となるのは古《いにしえ》の偉人

人を動かすスピーチテクニックの骨格となるもの。

それは、古典の傑作と呼ばれるアリストテレスの『弁論術』です。

アリストテレスと言えば、紀元前4世紀の古代ギリシャの哲学者。

「そんな古典が今の時代に通用するのか?」

そんなふうに驚いたとしたら、あなたは大きな勘違いをしています。


古代ギリシャの時代は、一つの都市が国家としての機能をもち、市民一人一人が政治に参加する直接民主制が敷かれていました。

その中では、弁の立つ人々が中心になって、政治に関する弁論を繰り広げ、そのほかの市民を巻き込んで国を動かしていたのです。古代ギリシャ人が、現代人とは比べ物にならないほどレベルの高い弁論スキルをもっていたのはそのせいです。

自分たちの利益を守るものは、弁論のスキルそのものだったため、次第に、弁論術やレトリックといった、話すことで人を動かしたり、説得する技術が学問として体系化されていき、身につけるべき教養とされるまでになりました。

当時人々に弁論のやり方を教えていたのは、「ソフィスト」と呼ばれる教師でしたが、彼らが教えるテクニックは、問題の本質を追求して説得するというよりも、聴衆の感情を煽ることで目的を果たそうとしたものも多かったようです。

それに対する批判を反映しつつ、ソフィストたちのテクニックもうまく取り入れ、「弁論術」として確立させたのが、アリストテレスです。

さてそこで、世間の多くは、場当たり的に、もしくは身に付いた習慣を頼りにそれらをこなす。その両方が許容される以上、同じことを方法に則して行うこともまた、可能であるに違いない。つまり、慣れを頼りとする者たち、および成りゆき任せでそれを行う者たちが、いったい何によって目的を遂げるのか、その要因を考察することができるのであり、こうしたことが技術に属する仕事であるのは、すでに誰もが同意するところだろう。（アリストテレス「弁論術」第1巻 第1章／「アリストテレス全集18」堀尾耕一・野津悌・朴一功訳　岩波書店）

つまりアリストテレスは、それまで慣れや成り行きによってもたらされると考えられていた弁論の成功には実は根拠があり、それを明らかにすれば、弁論の「技術」として活用できることに気が付いたのです。

人を説得する話し方の方程式

アリストテレスは、「弁論術とは、個々の事例に関して説得に資するかぎりのものを考察する能力」だと定義しています。つまり、弁論術は、様々な事柄に関し、自分にとって望ましい結果を得るために人を説得する技術であると言えます。

さらに、説得には、三つの要素があるとアリストテレスは言います。

すなわち、（1）語り手の人柄に存するもの、（2）聴衆を何らかの状態に置くことに存するもの、そして（3）証明することないしは証明していると映ることをとおして、言論そのものに存するもの。（「弁論術」第1巻第2章／同前）

これを整理すると、

1、語り手の人柄による説得
2、聞き手の感情による説得
3、話の論理による説得

ということになります。

アリストテレスはこの3つの要素を〈エトス〉〈パトス〉〈ロゴス〉と呼んでいます。本書ではよりスピーチに沿った解釈にするため、それぞれ〈人徳〉〈共感〉〈論理〉と訳して進めていきます。

この3つは、2000年以上の時を経ても変わることのない、「人を動かすスピーチテクニック」の構成要素であり、これまで世界を動かしてきた歴史に残るリーダーたちのスピーチにはこの3つの要素が巧みに取り入れられています。

テクノロジーが進化し、話す技術の必要性が少なくなったように思える現代においても古代から続く、人の心を動かす話し方の技術は変わっていません。

また、その技術によってあなたの心が操られている可能性だってあるのです。

本書では、古代レトリックや弁論術、スピーチの実例を引用しながら、現代のリーダーのために、望む結果を引き寄せるための話し方の技術を解き明かしていきたいと思います。

すべてをお話しする前に、結論から明かしましょう。

「人を動かすスピーチの方程式」とは、

〈語り手の人徳（エトス）〉×〈聞き手との共感（パトス）〉×〈話の論理（ロゴス）〉

優れたリーダーたちはこの方程式に沿って、人の心を操るスピーチを巧みに行います。

ただし数式のように単にその要素を盛り込めば望む答えが得られるというわけではありません。

本当の意味でこの方程式を成立させるためには、自分の価値観や考え方を深く知り、相手の感情を汲み取る洞察力を付け、論理的に説得するためのテクニックを知る必要があります。

（前略）これらを手がけるのは、推論の能力を有する者の仕事であり、また、諸々の性格や徳について、そして第三には感情について、諸々の感情とは何でありどのようなものか、そして何に起因していかに生じるのかを考察する能力を具えた者の仕事であるに違いない。
（「弁論術」第1巻 第2章／同前）

つまりリーダーであるあなた、もしくは将来、人を導く立場を目指しているあなたは、

「論理的に推論できる」スキル、「人柄や徳について考察する」スキル、「感情について考察できる」スキルを身につけなければなりません。

これは決して低くはないハードルです。

そもそも自分はまだそこに至るだけの経験が積めていないのではないかと心配になるかもしれません。

でも、恐れることはありません。

なぜならこれらのスキルは自分や相手に対しての理解を深め、トレーニングを重ねれば、必ず誰でも身につけることができるテクニックだからです。

元来、スピーチは、等身大のあなたの魅力を伝えるものです。正解、不正解はありません。

そして、話すことを高める努力を続けた先には、優れたリーダーたちがそうであるように、スピーチの内容はもちろん、その話し方さえも、リーダーにふさわしいものに変わってきます。

さあ、私と一緒に始めましょう。あなたが真のリーダーになるための話し方を。

第1章

“人徳”をどう伝えるか

THE SPEECH

人柄が信頼されてこそスピーチは成功する

人柄によるとは、語り手を信用に足るものとする、そうしたやり方で弁論が語られる場合である。われわれは優れた人物に対してはよりいっそう、より速やかに信を置くものであるから。（「弁論術」第1巻 第2章／前掲「アリストテレス全集18」）

「語り手の人柄による説得」とは、言うまでもなく、あなた自身の人柄を聞き手に信用してもらうことです。

人柄が優れた人物の口から語られる話だからこそ、聞き手に信用されるというのは想像に難くはないでしょう。

たとえスピーカーのことをまだよく知らなくても、場合によってはそこで初めて会った人物であっても、その人物を好ましいと受け取れば、聞き手はその人の話に耳を傾け、その人が望む方向に動いてみようというモチベーションを上げられるものです。

接客業の研修などでは「信頼関係の階段」という図表（P.25参照）を使って、初対面の相手と関係性を築くまでにはいくつかの段階があることをレクチャーします。初対面の人が相手を信用するまでには、警戒→疑心→理解→共感→信頼という5つの段階があり、

信頼関係の階段

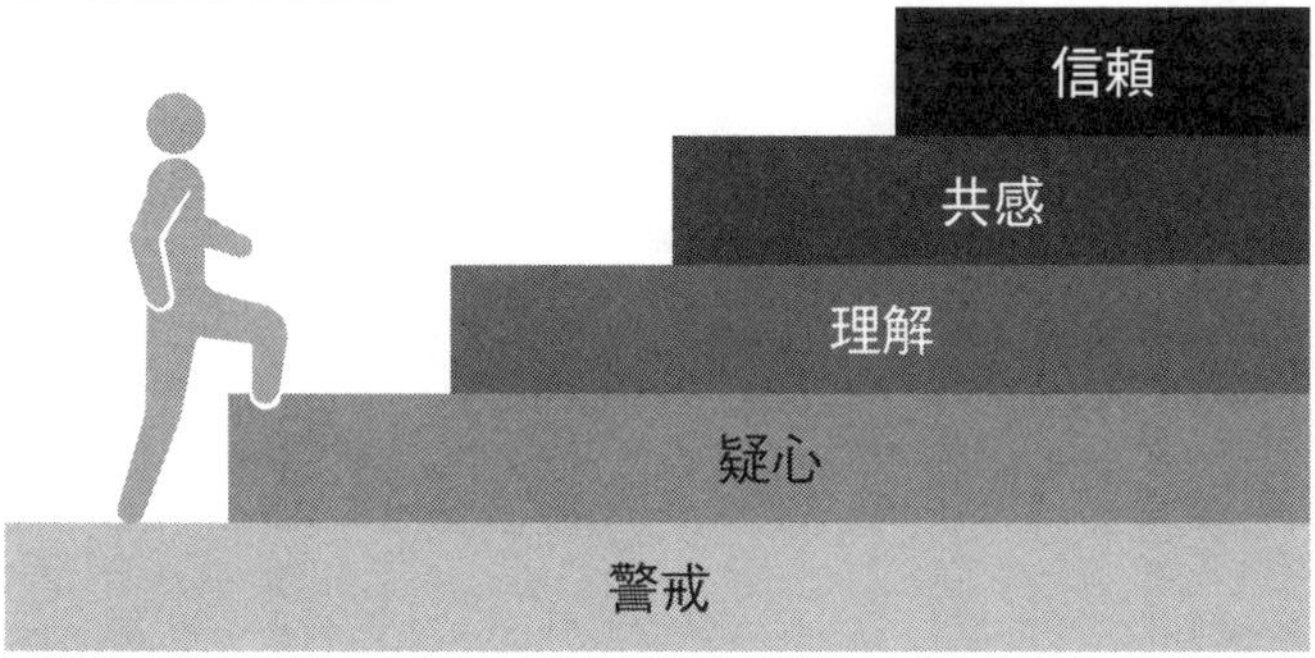

お客さまに信頼してもらうために、どのようにして、その階段を一段一段登っていくかというトレーニングを行うのです。

店に入り店のスタッフと目が合った瞬間にその人のことを信頼する人はまずいません。誰しも最初は相手を〝警戒〟し、「この人はいい人なのだろうか、嫌な人なのだろうか」と思いを巡らせます。

「何かお探しですか？」と明るい声で話しかけたとしても、それだけで心が打ち解け、買う決断をすることはないでしょう。

「この人は強引に商品を買わせようとはしないだろうか」という〝疑心〟がまだ拭えないからです。

そのような状況の中でも「今日はお仕事帰りですか？」「最近寒くなりましたよね？」というようなスモールトークを展開しながら丁寧な接客を続けていると、その人の心の中に、「もしかすると、この人はいい人かもしれない。この人の話を聞いてみよう」という〝理解〟の気持ちが生まれます。

お店の人の話の内容が腑に落ちたらやっと、〝共感〟のフェーズに入ります。そうすれば、「このマフラーは本当に暖かいですね」とか「手袋もお揃いで買ってみようかな」など、お客様は、自らすすんで相手と会話しようとし始めます。

共感のフェーズまでは会話で成り立っていますが、〝信頼〟には実を伴います。つまり話しているだけでなく、それを実行して示す必要があるのです。

この場合で言うと、お客様に対して良い品物を提供し、満足してもらえた時に、最上段の信頼に登り詰めることができます。

信頼関係を勝ち取ることができれば、この店に再び来店し、「この人から薦められたものを買いたい」という心境になります。

すなわち、顧客を〈ファン化〉することができるのです。

よく言われることですが、優れた営業パーソンというのは、商談が始まるや否やいきなり商品の説明をすることはありません。顧客（聞き手）との関係性が警戒、疑心という段階にあるうちは、何を言っても疑われやすいことを知っているからです。

まずは自分に対する警戒を解き、怪しい者ではないかという疑心を払拭するために、スモールトークで場を和ませたりして、自分自身を顧客に受け入れてもらうことから始めるのです。

このようなセオリーはスピーチにも当てはまります。

初対面、もしくはあまり親しくない人、自分の管轄以外の部課の社員などが聴衆である場合、あなたがどれだけ立派な人物だとしても、彼らのほとんどはあなたを警戒し、さまざまな疑心を抱きます。

「つまらない話が始まるのでは？」
「お説教じみた話を聞くのは退屈だな」
「昨日あまり寝てないのに、長い話を聞かされるのかな」

そんな、警戒と疑心に満ちた聞き手の心を溶かし、理解共感を経て、信頼のフェーズまで登り詰めたあとでなければ、どんなに良い話をしたところで、相手の心を動かすことなどできません。

多くの人たちが犯している決定的なミスは、内容を上手に説明することばかりに注力することです。

もちろんそれでも、〝理解〞の段階くらいまで導くことはできるので、話を聞かせること、つまり自分の言いたいことを伝えることは不可能ではありません。

しかし果たしてそれはあなたのスピーチの最終目標なのでしょうか。

あなたが目指すスピーチのゴールは、説得、すなわち、「説明を基に、聞き手の心を動かし、行動を促すということ」のはずです。

そうであれば、本題に入る前に信頼のフェーズにもっていくこと。これがとても大事です。

そのために何が必要か。

それが、ほかならぬ、〈語り手の人柄〉という要素です。

あなたがまず優先させるべきは、説明から入ることではなく、あなたが、「信頼するにふさわしい人柄」であることを聞き手に伝えることです。それがなされぬまま本題に入っても、聞き手はあなたの話に心を動かされません。一生懸命説明したとしても、あなたの最終目標は達成できないということになるのです。

「自分の人柄をスピーチに盛り込んで、聞き手に伝える」と言っても、ここで言う人柄とは、肩書きや経歴のことではありません。

それはあくまでも、「あなたがどんな人物であるのか」という人柄であり、さらに言うと、「聞き手にとって好ましい人柄」です。

しかし、肩書ならともかく、人柄となると簡単には言語化できないことにあなたは気づくでしょう。

言語化以前に、自分がどういう人柄であるかに、気づいていない、あるいは考えたことがないということもあるかもしれません。

あるいは、「自分は人から信頼されるような人柄ではないのではないか」と不安になるかもしれません。

果たして、あなたは自分の人柄をどう伝えればよいのでしょうか。

まずはそれを探ることから始めましょう。

「徳のある人物」とは何か？

徳を知れば徳が語れる

スピーカーの人柄を伝える目的。それは、聞き手の信頼を得て、望む結果に人を動かすための土台をつくることです。

当然ながら人にはいろいろな顔があります。仕事に対して信念をもっていたり、努力家だったり、能力が高かったり、その反面どこか抜けているところがあったり、涙もろかったり……。

もちろん、スピーチであなたのすべての人柄を伝えられるわけではありません。大事なのは、あなたが、「聞き手にどのような人だと思われたいのか」ということです。

では、伝えるべき人柄とは、幾重にも重なるあなたのパーソナリティーのうちの、どの〝あなた〟なのでしょうか。

それは、スピーチの目的に応じて使い分けることになります。

つまり、聞き手に、あなたがどのような人物であると信じさせれば、あなたのスピーチがより目的達成に近づくのかを考えればいいのです。

とはいえ、伝える人柄が「信頼に値する好ましい人物」でなくては意味がありません。

信頼に値する人柄とは、一体、どんなものなのでしょうか。

そのヒントをアリストテレスの言葉から探してみると、「徳があるか、そうでないか」という答えにたどりつきます。

次に、徳と悪徳、ないしは美と醜とについて語ることにしたい。すなわちこれらは、称賛ないしは非難をする者にとって照準を合わせるべき目途となる。それらについて語ることで、同時に、われわれが何によってこれこれの人柄だと受け取ってもらえることになるのか、その根拠を明らかにすることにもつながるだろう（略）。つまり、徳に関して信頼に足ると思わせるその根拠は、語り手自身についても他者についても同じなのである。――（「弁論術」第1巻 第9章／同前）

「信頼に値する好ましい人物」だと思われるために大事なのは、スピーカーであるあなたが「徳を備えた人物」だと受け取ってもらうことだと、アリストテレスは言っています。

つまり、「語り手の人柄による説得」とは、スピーカーが自分の〈人徳〉を伝えることなのです。

自分には〈人徳〉なんてない。そんな不安があるでしょうか？

でも、あなたが胸を張って「人徳がある」と言えるか否かは、説得という側面において、実は大きな問題ではありません。

大事なのはあくまでも「徳のある人物だ」という印象を聞き手に与えることなので、「徳がある自分」の一面を伝えることができれば、望ましい結果を得ることができます。

誰しも、多少の徳は人生のさまざまな経験の中で積んでいるはずです。

だからそれを思い出し、あなたの人柄を表す代表的なエピソードとして伝えればよいのです。

そもそも徳とは何でしょうか。

ためしに、思いつく言葉を挙げてみてください。

学校では道徳の授業を受けてきたでしょうし、キリスト教や仏教などの宗教に関連して、徳という言葉を聞いたことはあるでしょう。

けれども具体的に何なのか？　と面と向かって問われるとつい口ごもってしまうのではないでしょうか。それくらい、徳とは抽象的で非常にあやふやなものなのです。

また、徳の諸部分とは、正義、勇気、節制、豪放、寛大、気前のよさ、思慮、知恵である。そこで、徳が益を及ぼす能力である以上、当然ながら他者にとってとりわけ有益なものこそが、最大の徳であるに違いない。(『弁論術』第1巻 第9章/同前)

これはアリストテレスによる徳の定義です。なお、アリストテレスは、身体的な徳についても定義していますが、ここでは、リーダーに求められる主に精神的な徳、すなわち「正義、勇気、節制、豪放、寛大、気前のよさ、思慮、知恵」について、もう少し、いにしえの偉人の言葉を見ていきましょう。

(また)正義とは、各自がそれによって自分に属するものを、かつ法に則ったかたちで所有する徳であり、対して不正とは、それによって他人に属するものを、法に背いて持つことをいう。また、勇気とは、危機に際してひとが法の命ずるまま、法を遵奉して諸々の立派な行動をとる要因となる徳であり、他方で卑怯とはその反対である。節制とは、ひとが肉体的な諸々の快楽に対して、法の命ずるような態度をとる要因となる徳であり、放埒はその反対である。気前のよさとは、金銭に関して善行を施す徳であり、吝嗇はその反対である。寛大とは、大きな恩恵を施しうる徳であり、また豪放とは、金銭の支出において大きく寄与しうる徳である。狭量および細かさはその反対である。思慮とは、上述の諸善ないしは諸悪に関して、ひとがそれに従って幸福に向けて思案を巡らせることができるような、知性の徳である。(『弁論術』第1巻 第9章/同前)

このような徳の定義を知っておくと、「誰もが徳があると感じる事柄」とは何かが明確になります。

例えば、「仕事において、守るべきものは?」というテーマでスピーチするとした場合に、「仕事において、守るべきは正義」とあなたが結論付けたとしましょう。

そうすると、それを語るあなた自身も「正義を大切にする徳のある人」と聞き手に伝わる可能性が高まります。〝正義〟は「誰もが徳であると感じる定義」のうちの一つですから、それを大切にするあなたも〈人徳〉を持った人ということになるのです。

「誰もが納得する定義」とは、ひと言で言えば普遍的な定義です。それは、2000年以上を経た今も、変わることはありません。

揺らぐことなく人々を納得させ続けているアリストテレスの定義を借りれば、大部分の人は、あなたが正しいことを語っていると信じるでしょう。

徳に関する他の定義を引用しても同じ効果が得られます。勇気も徳です。だから、「勇気を重んじる人」は「徳のある人」でもあります。寛大な人も、思慮深い人も、みんな〈人徳〉のある人となるのです。

このことを利用すれば、徳を重んじるエピソードを伝えることによって、聞き手にとって、あなたは「徳のある人物」であると受け取られるのです。

リーダーズ・スピーチ 実例1

人徳を感じさせるスピーチ

〈2018年／ソフトバンクグループ代表孫正義氏　新卒・中途入社希望者向けイベント『ソフトバンクキャリアLIVE』でのスピーチより一部引用〉

日本人で演説の上手な人、と聞かれたら、私は必ず、ソフトバンクグループ代表の孫正義氏の名前を挙げます。

ソフトバンクの創業者であり、ヤフー取締役、スプリント会長、アーム会長、アリババ取締役、福岡ソフトバンクホークス取締役などを務め、日本の長者番付では2年連続1位……。

こうした功績やそれを成し遂げるスピードから判断して、経営の手腕だけでなく、先見の明や推進力、そして経済力などさまざまな能力がある敏腕経営者という人物像が浮かび上がってきます。

ただその一方で、成功や莫大な財産を手に入れているという事実は、ともすると、欲や不正などというネガティブなイメージを抱かれる場合もあります。けれどもスピーチによって、そのような「好ましくないイメージ」も、先ほどの徳の定義を引用することで、「徳のある人物である」という印象に変えることもできるのです。

（前半省略）

創業して2年目の時に、会社の健康診断をやったんですね。そしたら、引っかかったんです。即入院することになり、余命5年だと言われました。肝硬変の直前の慢性肝炎でした。まあ、泣きましたね。本当に心の底から泣きました。病院のベッドで、一人でいると、やっぱりいろんなことを思うんですよね。

なんで俺なんだ、と。なんで俺がこの若さで肝臓を患うんだ、と。3年半は入退院を繰り返しました。怖くて悲しかった。絶望しました。

（中略）

毎日パジャマで過ごしているのでかっこいい服を着ようなんていう欲望は消え失せます。かっこいい車が欲しいなんてサラサラ思わない。家なんて、どうせ5年で死ぬんだからいらない。お金を稼いだって5年で死んじゃうんですよ。突然死ぬよりある意味つらいです。

だって限られた人生で余命を宣告されるわけですからね。

そういう中でつくづく考えました。何のための人生か、何のための会社か。

その時に、私が心の底から思ったのは、見栄とか、格好とか、大義名分とか、社会的に形式張ったこと、そんなものはどうでもいいと。本音でいらないと思いましたね。では、自分は何があったら幸せかというと、生まれたばかりの娘や家族の笑顔をみること。もうそれだけで幸せだと思いました。そのためなら残りの人生を捧げたいと思いました。

ふと思ったのは、家族の笑顔だけでいいのかということ。一緒に創業した社員は家族同様なんです。彼らは自分の家族の延長線で、彼らの笑顔も見たい。じゃあ、彼らの笑顔だけで良いのか。

初めて僕の言葉を信じてお客さんになってくれた大切な恩人がいるわけです。彼らはある意味、家族以上に大事な人かもしれない。あの人たちの笑顔もやっぱり見たい。

それだけで良いのかというと、あの人たちは会社を代表して付き合ってくれたわけで、その後ろには50人、100人、1000人の社員がいる。本当はその人たちの笑顔も見たいな。

けっこう僕は欲張りなんですね。

そう思ってみると、本当はそのお客さんだけではなくて、地球の裏側にいて一度も会ったことがないような、リンゴをかじりながら泥だらけになって遊んでいるニコッと笑う女の子のイメージも湧きました。
誰に感謝したら良いかわからない、ソフトバンクの名前すら知らない、でもニコッと笑って感謝してくれる女の子。そんなイメージを描くと、もう地位も、金も、名誉も何もいらないと思えた。
その女の子の笑顔を想像すると鳥肌が立ちましたね。それなら俺は生きてみたいと思ったわけですね。つまり、建前を抜いて、本音で最終的に思ったのは笑顔だった。人々の笑顔のために人生を捧げたい。
病室のベッドの上で真剣にそう思ったんです。生きる希望が、生きる欲望が湧いてきた。

これは、孫代表が、新卒、中途採用者向けのセミナーで語った「就活生よ、君たちはどう生きるか」というスピーチからの抜粋です。学生時代にコンピューターと出会い起業し、ソフトバンクを創業したという前半の話から一転、突然の大病に襲われたエピソードを披露しました。

このスピーチからは、自分や自社の利益のためだけでなく、「人々の笑顔のために」生き、仕事をするといった価値観が強く伝わってきます。そこから滲み出るのは正義や穏和、思慮といった、心の徳です。

孫社長がそのような心の徳を持った人物だと感じると、就活生の心は自然と揺さぶられます。彼らの多くが、「社員への愛情をもち、崇高な目標に向かう代表の下で、世界の人々のために働きたい」そんな思いを抱くのは当然だとも言えます。

〈人徳〉を伝えることに上手く成功しているスピーチであるとも言えるでしょう。就活生に対して抱かせたい会社や代表自身の良いイメージを、スピーチを通して伝え、望ましい結果を得ることに成功している、まさにお手本のようなスピーチです。

実践トレーニング１　人徳を伝えるスピーチレッスン

就活生を前に、あなたが社長としてスピーチをすることになりました。「仕事において大切にしていること」というテーマを盛り込んで、１分間スピーチをしてみましょう。

エピソードで自分を語る

人柄を伝えるのは言葉ではなく、「事実によって」である

弊社に面接に来られた人に対して、私はよく「あなたの長所と短所について教えてください」という質問をします。

すると、多くの人は、長所は「思いついたらすぐ行動する」ところだと答え、短所は「せっかちなところ」というような回答をします。

でも、これだけではその方がどんな人なのか具体的に伝わってきません。

「スピーディに仕事を進める」
「やるべきことはすぐにやらないと気が済まない」
「質は度外視して、とにかく早く終わらせようとする」
「仕事は速いが、やり方は雑」
「いつも落ち着かない」
「周りに相談することなく、さっさと進めてしまう」

「他人を待つ余裕がない」

これらはすべてせっかちという言葉の範疇に含まれます。しかもこれはほんの一例で、どういうシチュエーションで発揮されるのかというところまで含めれば、世の中には、無数のタイプのせっかちな人が存在します。中には、短所というより、むしろ長所と呼んでよさそうなタイプのせっかちもあれば、仕事に支障をきたすかもしれないという不安を抱かせるせっかちもあります。

そうなると、あなたが発した〝せっかち〟と、相手が受け取る〝せっかち〟のイメージが大きくかけ離れる可能性は否定できません。

また私は、講演会などで、参加者の皆さんにこんな質問をすることがあります。

「私は、小さい頃、犬を飼っていました。さて、小型犬でしょうか？　大型犬でしょうか？」

「では、毛の色は茶色ですか？　白ですか？」

「その毛は長いでしょうか？　短いでしょうか？」

「オスでしょうか？　メスでしょうか？」

質問のたびに手をあげてもらうようにするのですが、すべて正解できる人は全体の10分の1いればいいほうです。

つまり、ほとんどの人が、実際とは違う犬をイメージしているわけです。

実は、私が飼っていたのは、小型犬のポメラニアン。毛の色は茶色で毛足が長い、オスの犬でした。

「イメージしていたのと全然ちがう！」と驚く方も珍しくありません。

人というのはそれくらい、自分の経験や相手の見た目などでイメージを作り上げ、無意識に事実を曲げてしまうものなのです。

では、あなたが伝えたいあなた自身を誤解なく伝えるためには、どうすればよいのか。

答えは明らかです。

あなたがあなた自身を〝せっかちだ〟と結論づけるに至ったエピソードを語ればよいのです。

難しいことではありません。

なぜなら、このテクニックは、身近な他人について説明するときに、誰でも自然に使っているものだからです。

「ごはんを食べる時、右手にお箸、左手にスプーンをもって食べているところを見ると、うちの子はせっかちだなあと思います」

「私が晩酌しているのに、せっかちな妻は空いたお皿から次々下げていってしまうんです」

他人について説明する場合は、このように客観的で具体的なエピソードを通じて話すことができます。そのおかげでスピーカーと聞き手の〝せっかち〟のイメージが大きくかけ離れることはありません。

このやり方を、自分を説明する際にも使えば良いというわけです。

つまり、あなた自身を誤解なく伝えるのは言葉ではなく、事実であるエピソードなのです。

人生のターニングポイントがあなたの〈人徳〉を伝える

スピーチの土台として必要な、自分の〈人徳〉を聞き手に伝える際にも、「私には正義感がある」などとひと言で終わらせてしまえば、その正義感がどういう種類の正義感なのか聞き手には正確に伝わりません。それどころか、実際に正義感があるのかどうかも伝わりにくいでしょう。

それを防ぐためには、お話ししたように、自分のその〈人徳〉を作り上げたエピソードを語ります。

自分の人生のエピソードと言っても当の本人にとっては山ほどあり、どれを選択してよいのか、場合によっては何があったのかすら覚えていない、というようなこともあるでしょう。

そんな時に便利なのが自分史を振り返る作業です。

もちろん、半生を著すことが目的ではないので、生まれてから今日までの30年、40年、50年すべてを振り返る必要はありません。

スピーチにおける自分史とは、もっとピンポイントで結構です。

語るべき自分史は、人生におけるターニングポイントに絞って考えます。

なぜなら、徳とは、人生のさまざまな出来事の積み重ねによって身につけていくものだからです。だからこそ、それをどうやって身につけたのかというエピソードを語ることで、自分の〈人徳〉を聞き手に伝えられるというわけです。

とりわけ鮮明に記憶に残っているような出来事は、その後の考え方や人格形成に影響を及ぼしていることが多いので、それがターニングポイントとなっている可能性が高いと言えます。

もし、パッと浮かばないようであれば、幼少期、小学生、中学生、高校生、大学生、新入社員期、中堅社員期のようにカテゴリーを分けて考えてみてください。そのカテゴリーの前後で環境が大きく変化し、パーソナリティーも変化する、ということはよく起こるので、その辺りでの特に思い出に残っているエピソードを取り出してみるのがいいかもしれません。

また、ターニングポイントを語る際には、それによって自分がどのように変化したのかという〝その後〟が伝わるエピソードだけでなく、〝それ以前〟の自分を物語るエピソードも併せて語るのが良いでしょう。

そうすることで、そのターニングポイントを境に、自分がどのように変化したのかを分かりやすく伝えることができるからです。

そして、ターニングポイントはポジティブなものに限定されません。

たとえ、エピソード自体はネガティブでも、その経験を通して、自分はこんなふうに変わりましたと堂々と話せば、「この人は困難を乗り越えて徳を積んだのだな」という印象を聞き手に与えることができます。

実際に、挫折、苦労、失敗などの、言わばネガティブなターニングポイントこそが、その人にポジティブな影響を与えることは多くの人が知るところなので、そのような経験を率直に伝えることはむしろ有効だとも言えます。

「このような失敗があって、チームで一丸となってやることの重要さを痛感した」という話をすれば、あえてそれを口にしなくても、「きっと今はチームワークを大事にしている人なのだろうな」という印象を聞き手に与えることができるのです。

リーダーズ・スピーチ 実例2

エピソードを使って人柄を伝えるスピーチ

〈2014年7月13日　植松 努　TEDxSapporo『思うは招く』より一部引用〉

次に紹介するのは、バッテリー式マグネット装置の製造をする傍ら、ロケットの製造をしている株式会社植松電機（北海道赤平市）の代表取締役植松努氏の有名なスピーチです。この方はもともとスピーチ自体がとてもお上手な方なのですが、中でもこれは、心温まる、誰にでも想像できるようなエピソードで、植松さんのターニングポイントや人柄をよく伝えるスピーチとなっています。

僕は、今から47年前に生まれました。

小さかった僕に、ばあちゃんが大事なことを教えてくれました。

僕のばあちゃんは北海道の北にある樺太《からふと》という島で、昔から自動車の会社をやっていて、がんばって働いて、お金を貯めて豊かに暮らしたそうです。

でも、樺太は１９４５年、突然ソビエト軍が攻めてきてたくさんの人が殺されて、ばあちゃんは自分が貯金したお金が全部紙くずになったことを知ったそうです。

だからばあちゃんは小さい僕に教えてくれました。

「お金は値打ちが変わってしまうもんだよ。だから、くだらない。お金があったら貯金なんかしないで、本を買いなさい。頭に入れなさい。それは誰にもとられないし、新しいことを生み出すんだよ。」

と教えてくれました。

だから僕は、本屋が大好きな子どもになりました。

また僕には、大好きなじいちゃんがいました。おっきくて優しいじいちゃんです。

僕とじいちゃんとの一番の思い出は、アポロの月着陸です。一緒にテレビを見ました。

僕が覚えてるのはじいちゃんが見たこともないほど喜んでいる姿です。

「ほら見れ〜、ほら見れ〜」って、「人が月へ行ったぞ」って、「お前も月行けるぞ」って喜んでるんです。

僕はそんな喜んでるじいちゃんを見たことなかったです。

だから僕はその笑顔がもっかい見たかったです。

だから本屋に行ったら僕は飛行機、ロケットの本を手に取ったんです。そしたらじいちゃんは、でっかい手で僕の頭をなぜてくれるんです。ほめてくれるんです。僕はきっとじいちゃんの笑顔が見たくって、きっと飛行機、ロケットが好きになっちゃったんだろうって思います。

今の自分を作るターニングポイントとなったエピソードを、飾らない言葉で、その情景が目の前に思い浮かぶような生き生きとした描写で伝えています。

スピーチの中で植松社長は、「自分は温かくて豊かな心の持ち主である」とはひと言も語っていません。それなのに、おじいさん、おばあさんに大事に育てられたこと、しかも、その二人が「温かくて豊かな心の持ち主」であることがよくわかるエピソードによって、植松社長にもそういう心が備わっていることが伝わってきます。

おばあさんが「大事なのはお金じゃない」という価値観を教えてくれたというエピソードからは、植松社長の利益追求型ではない姿勢も伝わります。

おじいさんの笑顔が大好きで、だから飛行機やロケットが好きになったというエピソードからは家族思いの優しいお人柄も伝わりますし、きっと少年のような心のままロケットを作っている純粋な方なのだろうということも自然に想像できます。

「自分は利益追求型ではない」とも「自分は純粋な気持ちでロケットを作っているのだ」、あるいは、「そういう考え方を祖父母から学んだ」ということは一切口にしていません。語っているのはエピソードだけであるにもかかわらず、聞き手には、「素晴らしいご祖父母の下で大志を抱き、利益を求めず少年のような心で研究を続ける人物」という植松社長の人徳が効果的に伝わってくるのです。

もし、前出のスピーチが以下の内容だったらどうでしょうか。

「今の私を形作ったのは祖父との関わりです。体が大きく優しい祖父でした。祖父とアポロの月着陸の様子を見て、祖父はとても喜んでいました。その事から、いつか月に行ってみたいと思ったものです」

おそらく植松社長が伝えようとしていた情報はここにすべて盛り込まれています。

しかし、要点さえ伝われば、〈人徳〉が伝わるかといえば、答えはNoです。豪快な祖父との具体的なやり取りや、優しい祖母から学んだ価値観についての話がなければ、植松社長の〈人徳〉は正確には伝わりません。

エピソードを使って〈人徳〉を伝えるための鍵。

それは、情景が生き生きと思い浮かぶような具体性のあるエピソードが語れるかどうかなのです。

実践トレーニング2　エピソードで人柄を伝える

Q1、Q2について、人生におけるターニングポイントとなった出来事のエピソードを具体的に語ってください。その前後のあなたの様子や変化も盛り込んでください。

Q1　人生で最も素晴らしい日はいつでしたか？　その前後であなたはどのように変わりましたか？

Q2　人生で最も大きな失敗は何ですか？　その前後であなたはどのように変わりましたか？

自分の魅力を十分に伝えられますか？

さて、自分史を整理し、ターニングポイントが整理できたら、次は〝自分視〟によって自分のパーソナリティを見直してみましょう。

自分史が、自分が歩んできた人生そのものであれば、〝自分視〟は、自分自身を見つめなおすという意味です。

自分のパーソナリティを主観的に、さらには客観的に分析し、言語化できる能力がリーダーには欠かせません。

例えば、「自分の最も好きなところはどこか？」「自分の中で、変えられるとしたら変えたい部分はどこか？」といった問いにあなたはすぐに答えられるでしょうか？

誰か身近にいる人の最も好きなところや変えてほしいところは、すぐに答えられるかもしれませんが、自分自身のことはわかっているようで、実はよくわかっていないものです。

ここでは、今まで改まって見つめることのなかった自分自身を見つめなおし、そしてそれを、言語化して伝えるテクニックを学ぶことにしましょう。

私の行う自分視ワークでは、さまざまな事柄に対し、なりたくない自分（悪い状態の自分）、普段の自分（普通の状態の自分）、なりたい自分（良い状態の自分）という３つの側面から分析してもらいます。

例えば、「仕事の取り組み方」という項目について自分のことを分析する場合、「人生のすべてをかけて仕事をしている」のようにひと言ですませる自己分析が多いのですが、人はいつも同じ状態でいることはありません。仕事が順調な時はつい気を緩めてしまって失敗することが多かったり、人生のすべてをかけたいと思っていても、趣味や友達の時間もそれなりに大事にしながら仕事をしていたりします。

要するに、一つの事柄に対し、悪い状態の時、普通の状態の時、良い状態の時をつねに行き来しているのが人間なのです。

そこで、「家族との関わり」「自己成長」「自己管理」「勉強」「趣味」「性格」など、あなたが明らかにしておきたい事柄を挙げて、それに対して、悪い状態の時、普通の状態の時、良い状態の時の自分を明確に分析していきます。

自分視ワークによって自分が自分に求める理想の姿や、こうはなりたくないという状態を明らかにすると、それが日々の行動の指針になることもあります。その結果、自分がイメージする理想の自分に近づくように行動することができます。

このワークはシートに要素を書き込むだけで整理できる簡単なものです。P.57でご紹介しますので、時間のある時にでも、ぜひ書き込んでみてください。

リーダーズ・スピーチ 実例3

弱い部分を見せて〈人徳〉を伝えるスピーチ

〈2019年3月21日 イチロー 引退会見でのスピーチより一部引用〉

アメリカ大リーグの開幕シリーズが東京ドームで行われていた2019年3月21日、シアトル・マリナーズのイチロー選手は、日米通算28年に及んだ現役生活にピリオドを打つことを表明しました。試合後に開かれた引退記者会見は今まで私たちファンが知らなかったイチロー選手の姿がストレートに伝わる会見でした。中でも私の印象に残ったのは、「開幕シリーズが楽しかったのか」と聞いた記者に返した言葉でした。

（記者：涙がなくむしろ笑顔が多いように見えたのは、この開幕シリーズが楽しかったということでしょうか？）

イチロー選手：純粋に楽しいということではないんですよね。やっぱり、誰かの思いを背負うというのは、それなりに重いことなので。そうやって一打席一打席立つことって簡単ではないですね。だから、すごく疲れました。

やっぱり一本ヒットを打ちたかったし、応えたいって当然ですよね、それは。僕には感情がないって思っている人いるみたいですけど、あるんですよ。意外とあるんですよ。だから結果を残して、最後を迎えたら一番いいなと思っていたんですけど、それはかなわずで、それでもあんな風に球場に残ってくれて。まあ、そうしないですけど、死んでもいいという気持ちはこういうことなんだろうなってふうに思います。死なないですけど。そういう表現をする時ってこういう時なのかなってふうに思います。

イチロー選手に対しては、「ストイックな人」「クールな人」「完璧な人」というイメージをもっていた人がほとんどではないかと思います。

けれども、この時イチロー選手は、自身のパーソナリティの中の、それとは反対の弱いほうの側面を、あふれ出す言葉のまま取り繕うことなく表現しているように見えました。それによって「完璧で天才だと思っていたイチロー選手が、私たちと同じようにプレッシャーに押しつぶされそうになりながらも懸命に戦っていた」ことが伝わり、それは「そんなに苦しい思いをして、私たちファンにプレーを見せてくれていたのだ」という感謝に変わります。

大勢の観客が自分の打席を最後まで見届けてくれたことに対し「死んでもいいと表現する時はこういう時なのか」と表現したことにも、ファンは今までイチロー選手を応援してきて本当によかったと感じたでしょう。

この記者会見はメディアでも大きく取り上げられ、イチロー選手の人気が再燃するきっかけにもなりました。

「リーダーである以上、弱音を吐いてはいけない」と考えている人は多いのですが、リーダースピーチの目的は、「自分を強く見せること」ではありません。

目指すべきは、「相手を説得すること」「相手の心を動かすこと」です。状況によっては、自分のネガティブな側面をあえて語ることで、聞き手との距離を縮めることに効果を発揮することもあります。つまり、ネガティブな要素によって、逆に〈人徳〉が伝わるケースもあるということです。

例えば、セミナーの登壇者で講演するプロのはずなのに、「実は、このスピーチが心配で、昨夜あまり眠れなかったんです」とか、「僕は毎回、舞台に上がるとものすごく緊張するんですよ」というところから始める人というのは珍しくありません。

本当に緊張しているかどうかは別として、本音を吐露したというリアル感は、肩肘張らず本音で語っているというイメージを与える効果があります。それによって聞き手は、スピーカーはとても正直な人で、この後の話も本音で話してくれるだろうと信じ、期待するのです。

なお、このように、聴き手の緊張感をとき、心の距離を近づけることをアイスブレイクと言います。

自分のパーソナリティや心境を素直に伝えることには勇気がいりますが、それによって効果的に人徳が伝わることもおおいに期待できます。
ぜひこのテクニックもおぼえておきましょう。

実践トレーニング3 ＝ 自分視ワークシート

★ＳＴＥＰ１　P.57の自分視ワークシートを完成させてください。
★ＳＴＥＰ２　それぞれの項目に対し、３つの自分を分析して明確にしましょう。
★ＳＴＥＰ３　分析したい項目を付け足して、自分視ワークを深めましょう。

■ 自分視ワークシート

	なりたくない自分（悪い状態）	普段の自分（普通の状態）	なりたい自分（良い状態）
仕事について			
コミュニケーション力について			
性格について			
家族や友人について			

価値観を言語化する

自分の価値観に無自覚では、人は動かせない

人には、それぞれ言動を決定する考え方、感じ方の軸があり、それを私たちは価値観と呼びます。「人生で最も大事にしているもの」と言って思いつくものベスト3くらいに入るものが、あなたの価値観だと考えればよいでしょう。

ある人にとっては、〝家族〟、ある人にとっては〝成功〟、またある人にとっては〝お金〟かもしれません。

そして、そのような価値観はそれぞれの考え方や行動を決定づける鍵にもなっています。ただ、自分の価値観を問われて、うまく言葉で表現できるでしょうか。

自分がある種の価値観を持って行動していることには気が付いていても、それを具体的に言葉にしたことがない、という人は多いかもしれません。

しかし、リーダーにとって価値観を言語化することは必須です。

なぜなら価値観とは、判断を委ねられた際のゆるぎなき指針となるものであり、それを言葉にして伝えることで、リーダーがなぜその判断をしたのかが、周囲に明確に伝わるか

らです。

逆に言えば、価値観をはっきりと認識していなければ、判断を迫られるたびにそれを決定する基準もぐらついてしまいます。

そうなれば、問題が起こるたびに部下はリーダーの決定に振り回されることになってしまい、信頼を失いかねません。

価値観とは、あなたの考え方、あなたがどんな人間なのかをたったひと言で伝えてくれる、あなたを形作る軸のようなものなのです。

価値観で〈人徳〉を伝える

自分の価値観を明らかにしていれば、スピーチの時にも役立ちます。

価値観に即した言動は、〈人徳〉を伝えるのに非常に有効な手段でもあるからです。

先日、私の10歳になる息子が「尊敬する人」というテーマで作文を書くことになりました。

小さい頃から幕末の歴史が大好きで、学習マンガを読みあさっている息子は、新選組、中でも副長の土方歳三の大ファンで、家族旅行のリクエストにも京都や会津を選ぶほど、心を奪われています。

そこで、土方歳三について書こうとしたのですが、具体的になぜ好きなのか？　と聞くと、なかなか論理的に答えることができません。

そこで、私はその手助けをすることにしたのです。

まずは、エピソードやパーソナリティから挙げていこうと、「土方歳三のどこが好きなの？」という質問をしてみました。

「まっすぐ生きたところが好き」

と息子は答えます。

「他には？」とさらに掘り下げると、

「刀を最後まで持とうとしたところが好き」

「負けるのが分かっていても戦い抜いたところ」

「近藤勇に忠実だったところ」

「お風呂上りに裸で柱に体当たりして鍛えていたところ」

私も知らなかったエピソードも含め、土方歳三のまっすぐさが確かに伝わるエピソードを羅列してくれました。驚いたのは、10歳の子どもが「死に際がかっこいい」と口にしたことです。

蝦夷地まで追い詰められて、勝算を失った旧幕府軍。その時点で降参し、明治政府の要人として登用されるということもできたはずなのに、土方はそれを選択せず、自ら残った隊を率いて馬で奇襲をかけようと飛び出した瞬間、胸を討たれたと言われています。武士の身分を持たない彼が、武士に憧れ、武士を目指し、死ぬ間際まで武士らしくあろうとする姿、そんな土方歳三の生き方に息子は心を奪われていたのでしょう。

真っすぐに生き、武士らしく美しく散る。

それが土方歳三の生き方の価値観のように思えます。桜の花に代表されるように、美しく咲く瞬間よりも、はかなく散る瞬間を愛でる文化は、日本人の美徳でもあります。だからこそ、土方歳三は「徳のある人物」として後世に受け継がれているわけですが、シンプルで強力な価値観に基づく彼の〈人徳〉は、時を超え、10歳の子どもをも魅了しているのです。

あなたの〈人徳〉を支えるのも、価値観です。
だからこそ、価値観の明確化が必要なのです。
価値観の自覚がないと、内在している価値観にそぐわない行動を取ってしまうことがあります。そうすると、あなたの心はストレスを感じてくるはずです。

つまり、価値観を明らかにすることは、自分がどうありたいかという内なる願望を受け止め、自分自身を大切にしながら、日々を過ごすためにもとても重要なのです。

実践トレーニング4　価値観（クライテリア）ワーク

人生で大切にしているものはなんですか？
★ＳＴＥＰ１　物でも、事でも、言葉でも、なんでも良いので、思いついたものを10個挙げ、その中からベスト3を決めてください。
★ＳＴＥＰ２　なぜ、それが大切なのかを説明してください。

価値観を軸にして発想すれば、あなたらしく話せる

今、日本の教育が大きく変わろうとしています。

1点でも多くとったほうが合格するといった、ペーパーテスト至上主義から、面接やグループ討論、意見を反映した論述という項目を通じ、より受験生の人物を評価基準に加える方針に転換されるのです。

欧米のトップ大学の入試では、以前から受験生のスポーツや文化活動、ボランティア活動や地域との関わり、リーダーシップ、社会性、問題意識など、ペーパーテストでは測れない、人物評価が重視されてきました。

面接で問われるのも、その人の価値観や、これまでどう生きてきたかという人生、経験、考え方などが丸裸にされるような以下の哲学的な問いです。

「あなたは自分を利口な人だと思いますか」（ケンブリッジ大学　法学）
「人はいつ死んだことになりますか」（オックスフォード大学　医学）
「世界に砂粒は、いくつありますか？」（オックスフォード大学　物理学）

（『オックスフォード&ケンブリッジ大学　世界一「考えさせられる」入試問題「あなたは自分を利口だと思いますか？」』ジョン・ファーンドン著／小田島恒志、小田島則子訳　河出文庫）

もちろん、これらの問いに正解不正解はありません。

重要なのは、自分なりの発想でこのような問題に向き合えるかどうか。

面接官が知りたいのは、「受験生が自分を利口だと思っているか否か」ではなく、態度も含めたその回答から垣間見える、その人の生き方そのものなのです。

私は2010年からミス・ユニバース日本代表のトレーニングに携わっていました。

ミス・ユニバースとは、世界一の美女を決める大会と思われていますが、実は審査基準の大半は、インナービューティ、例えば、社会性、コミュニケーション、親和性、問題意識、行動力、リーダーシップ、などに関わる項目です。

しかも、世界大会の最終審査はスピーチです。舞台に上がり、世界中が注目する中で、与えられたテーマに対し、その場で考え、30秒で答えなくてはなりません。

「あなたにとって美とは何ですか？」

「晩さん会に有名人を呼べるとしたら誰を呼びますか？」

「宗教上、女性が顔や体を隠さなければならないことをどう思いますか？」

「子どもがインターネットを使用することについてどう思いますか？」

こういった質問に、他の人にはできないその人ならではの、オリジナリティのある回答をしなければなりません。

日本人は、教育にディベートやディスカッションが取り入れられることが少ないので、こういった問題に自分らしい回答をすることは非常に苦手です。日本代表の候補生として集まったミス・ユニバース・ジャパンのファイナリストでさえ、それは同じです。

そこで彼女たちには、自分の価値観を明らかにしてもらうためにクライテリアワークを行ってもらいます。

価値観さえ明らかになれば、その価値観に立った問題の捉え方をすることで、他の人とは違う、オリジナルな答えが導き出せます。なぜなら価値観は、その人の人生、経験と必ずリンクしているからです。

つまり、〝平等〟という価値観があると言うのであれば、それが価値観となった瞬間や理由が必ずあります。だから、そのエピソードと価値観を併せて語れば、誰にも真似できない、その人らしい答え方ができるのです。

先に挙げたような抽象的な問題には、いくらでも回答の切り口があります。

フリーに答えて良いとなると、かえって答えに窮し、その挙句にほかの人と同じようなぼんやりとした答えになってしまいます。

むしろ有効なのは、例えば「自分の価値観のみ」に切り口を限定することなのです。

以前、息子が保育園に通っていた時に、先生から「息子さんは、自由に絵をかいていいよというと困った顔をして、何を描けばいいの？　と手が止まってしまいました」と言われたことがありました。

先生は不思議に感じているようでしたが、私には息子が戸惑った理由はすぐにわかりました。

それは「自由に」と言われてしまったからです。

もしも「友達と好きな遊びをしている絵」とか、「行きたい場所」などのように限定してくれていたら、もともとお絵かきが大好きな息子は、きっと喜んで手を動かしたのだと思います。

「自由に」というのはとても優しい働きかけのように見えるのですが、選択肢が広すぎるとかえって選べなくなるのが人間の心理なのです。

スピーチも同じで、「何を語っても良い」となった途端に、何を話せばいいかわからなくなります。

けれども、息子の絵のテーマがそうであったように、切り口を限定すれば、自分らしい答えが出てきやすくなります。

そのほうが、具体的で特徴のある答えになりますし、結果的に、あなたの〈人徳〉を効果的に伝えることにもつながります。

実践トレーニング５　マインドスピーチレッスン

次の質問にクライテリアワークで明らかにした自分の価値観を軸に答えてみましょう。


「無人島に何か一つ持っていけるとしたら何を持っていきますか？」

「一つだけ魔法が使えるとしたら、何をしますか？」

「世界のどこかに住めるとしたらどこに住みますか？」

「雑誌の表紙になれるとしたら、どんな雑誌がいいですか？」


（ミス・ユニバース世界大会から出題）

リーダーには〝会社の価値観〟を伝える使命がある

社長や幹部という地位にある人は、少なくともパブリックな場面における自分の立ち位置は、必ず〝会社に属する自分〟になります。

ですからリーダーとしては、自分の価値観だけでなく、会社の価値観も語れるようにしておく必要があります。

会社について話す時、会社のパンフレットやウェブサイトを見ると書いてあるようなことをそのまま話す人がいますが、これでは、ただの会社の概要説明になってしまいます。

そこでこの章の最後に、あなたが属する「会社」について、あなた自身が分析し、会社の価値や使命を語るためのワークをしておきましょう。

実践トレーニング6 ＝ 会社についてのクライテリアワーク

会社について最も誇れるポイントはなんですか？
社会に対するあなたの会社の使命とはなんですか？

実践トレーニング7 ═ 会社についてのマインドスピーチレッスン

あなたはなぜ、今の会社の社員でありたいのですか？
それぞれ1分でスピーチしてみましょう。

第2章

どうやって“共感”を得るか

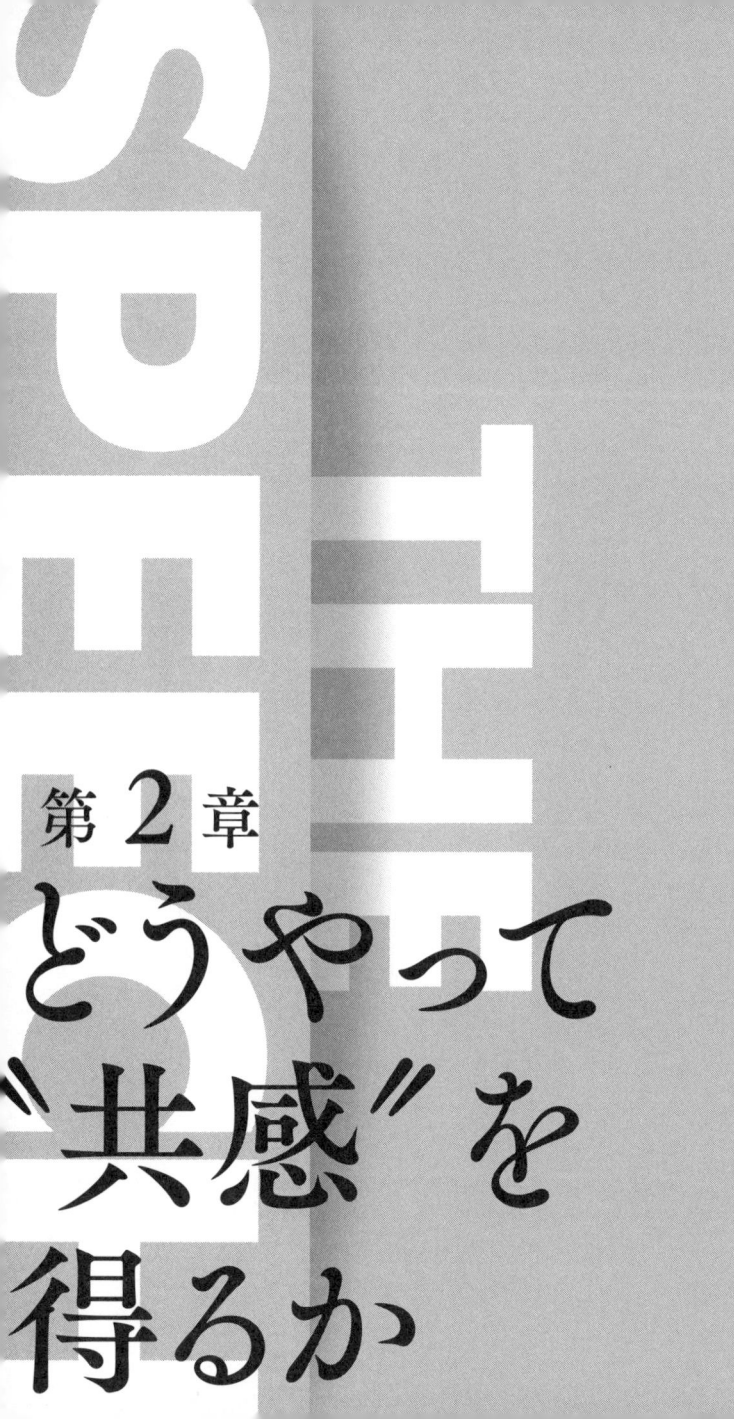

〝頭の会話〟ではなく、〝心の会話〟が人を動かす

すなわち弁論は、語り手、語られる内容、語りかける相手という三つの要素で成り立つが、弁論の目的とはこの最後のもの、つまり聴き手に向けられる。（「弁論術」第1巻 第3章／前掲「アリストテレス全集18」）

アリストテレスは、人を説得する話し方に必要な3つの要素は、〈人徳（エトス）〉〈共感（パトス）〉〈論理（ロゴス）〉であると言っています。

第1章でお話ししたように、〈人徳〉を伝えることはあなたの話す内容を聞き手に信用してもらう上で、スピーチを行う際のファーストステップと言えるでしょう。

ただしそれだけでは、まだ説得の土台ができたにすぎません。また、理路整然と語れば話の内容を理解させることはできるでしょうが、それは〝頭の会話〟です。

聞き手の心をつかみ、あなたが思うように行動してもらうには、〝心の会話〟をしなければいけません。

あなたと聞き手の間で〈心の会話〉が成り立つとき、聞き手の心を動かすことができま

す。そしてその結果、あなたの望む結果へと聞き手を導くことができるのです。

〈心の会話〉の主役は、スピーカーであるあなたではありません。

あぐまでも「聞き手」なのです。聞き手が心を動かしてくれて初めて、あなたと聞き手の間で〈共感〉が生まれるのです。

(2)聴衆をとおしてとは、言葉によって彼らがある感情を抱いた状態に促される場合をいう。われわれは、苦痛を感じるときと喜びを感じるときとでは、あるいは好意を寄せる場合と憎しみを抱く場合とでは、裁定を同じようには下さないものである。(「弁論術」第1巻第2章／同前)

アリストテレスは、〈パトス〉を単なる聞き手とはせず、「聞き手がスピーチを通してある感情を抱くようになること」だとしています。

ここで言う〝感情〟もあくまでも〝聞き手の感情〟のことであり、スピーカーの感情を指すのではありません。

そして、「聞き手が抱くある感情」は言うまでもなく「スピーカーが聞き手に抱かせたい感情」とイコールである必要があります。

この感情の一致こそが、〈共感〉なのです。

感情とは、それで感化を及ぼすことで、裁定にあたって違いをもたらすかぎりのものを指し、そこには快楽ないしは苦痛が付随する。たとえば怒り、憐れみ、恐れ、その他この種のもの、およびそれらの反対の感情がそれである。（「弁論術」第2巻 第1章／同前）

スピーチで聞き手から〈共感〉を得ようとする時、まずは聞き手にどういう感情を抱かせたいのか、をはっきりさせておきます。

怒りなのか哀れみなのか、恐れなのか、それとは真逆の喜びなのか、優越感、あるいは期待感なのか——。

いずれにせよ、聞き手がどういう感情になれば、あなたが設定したゴールに向かってより積極的に、主体的に望ましい行動を起こしてくれるのかを明らかにする必要があります。あとは、その感情を高めていくようなテクニックを使っていくだけです。

実はこのようなテクニックは、これまでも歴史上多くのリーダーが使ってきたものでもあります。あなたもきっとどこかで耳にしたことがあるはずです。

有名な米国公民権運動におけるキング牧師のスピーチや、アメリカのオバマ前大統領の大統領選での勝利宣言スピーチは、その典型的なものだと言えます。

ご存じのように、キング牧師のスピーチでは「I have a dream」、オバマ前大統領のスピーチでは「Yes We Can」というフレーズが何度も何度も繰り返されました。

つまり、キング牧師やオバマ元大統領が聞き手に抱かせようとしたのは、「Dream（夢）」や「We Can（可能）」といった希望に満ちた感情だったのです。

事実、彼らがこのフレーズを口にする度に聴衆は大いに沸きました。

そのスピーチを聞いている聴衆は心の中で「I have a dream」、そして、「Yes We Can」という感情をどんどん高めていったのです。

彼らのスピーチは、そこにいた聴衆だけではなく、テレビを通して観ていた何十万という国民の感情も、さらには、時を超え、ネットなどを通じてそのスピーチにふれた人たちの感情まで揺さぶりました。

人種差別による貧困や格差に苦しみ、怒りや悲しみを募らせていた人々が、「I have a dream」「Yes We Can」というキーワードのもと、希望に満ちた〈共感（エトス）〉によって一体化していく様子は、当時の映像などを見ても伝わってきます。

これらはすべて、〈共感〉を得るためのシンプルかつ強力なテクニックの効果です。

聞き手が多ければ多いほど、また属性や文化、価値観などが多様であれば多様であるほど、人々の感情を一つにまとめるためには誰でもわかる簡単で短いキャッチフレーズを使う必要があります。

また、「I have a dream」や「Yes We Can」といったキーワードは、前向きな感情を刺激する手法ですが、ネガティブキャンペーンやデモなどでは逆に、怒りや不安といったマイナスの感情を高めるテクニックがよく使われます。

どちらの場合も、聞き手に、意図する感情を抱かせることができれば、スピーチは成功に近づくのです。

実は、こうしたテクニックはスピーチだけで使われるものではありません。

テレビや雑誌、インターネット、広告、歌詞、さらには誰かのひと言によっても、私たちの感情は気付かぬうちに、発信した側が意図した方向に導かれています。情報にふれている限り、あるいは誰かと会って話している限り、それを避けるのはたやすいことではありません。〈共感〉のテクニックから無縁の環境で過ごそうとすれば、山奥にこもり誰にも会わないようにする以外に方法はないくらいです。

しかし、そのようなテクニックがあるという知識さえもっていれば、その情報がもつ真の目的に気づくことができます。そうすれば、少なくともそれに対して無防備でいることは避けられるでしょう。

そういう意味でも、聞き手の〈共感〉を獲得するテクニックについて学んでおくことは、非常に重要だと思います。

エモーショナルでなければ聞き手の感情は動かせない

論理的に、抜け目なく完璧に説明すれば、人を説得できる。

まだまだ、そう信じている人は多くいます。

日本においては長きにわたり、ことビジネスのスピーチにおいては、論理的であることが何よりも重要だという風潮が根強くありました。

その傾向は頭の良い人ほど強く、「これほど完璧に話しているのだから、自分の話が相手に通じないはずはない」と信じ、聞き手を無視し、延々と誰にも通じない話を展開しています。

もちろん、論理的であることは、人を説得する上で絶対に欠かせない要素です。

でも、それだけでは足りないのです。

スピーチの目的は完璧な説明を披露することでも、難しい言葉を羅列して優秀そうに見せることでもありません。

あくまで、聞き手の共感を得て、あなたが望む結果へと導くことなのです。

そして、聞き手の感情を動かすものもまた、スピーカーの感情です。つまり、〈共感〉を得るには、エモーショナルなスピーチである必要があります。

エモーショナルなスピーチという言葉は、スティーブ・ジョブスによって一時流行しました。

聴衆の感情を盛り上げ、自分の世界にぐいぐいと引き込んでいく彼のスピーチに衝撃を受け、彼のようなエモーショナルなスピーチがしたい！　という人が徐々に増えてきたのです。

ただし、エモーショナルなスピーチとは、感情的に話すことではありません、あくまでも聞き手をエモーショナルにするスピーチのことです。

スティーブ・ジョブズのスピーチを思い出してみてください。

彼は表情豊かに感情を露わにしながら語っているでしょうか？

答えはNoです。彼の語りはむしろクールで、話し方だけ見れば、〝エモーショナル〟とは対極のタイプです。

意外に感じるかもしれませんが、それこそが〈共感〉の効果を高める秘訣なのです。


実は、スピーカーのほうがあまりにも感情を高ぶらせてしまうと、聞き手には話し手個人の感情だけが伝わってしまい、スピーチの内容への〈共感〉にまで至りません。

例えば、テレビのアナウンサーがボロボロ泣いて悲しいニュースを読んでいたのでは、視聴者にはアナウンサー個人の感情ばかりが伝わって、ニュースの悲惨さへの〈共感〉は生まれにくくなってしまいます。それはニュースを伝える者としては致命的なミスです。主観を込めすぎないのは情報を伝える上での鉄則です。

スピーチの場合も同様で、スピーカーが自分の感情を必要以上に前面に押し出して、その感情を押し付けてしまうと、逆効果となってしまう場合もあります。

必要なのは、スピーカーが感情にまかせてスピーチするのではなく、聞き手の感情、つまり〈共感〉を引き出すための技術です。

聞き手の〈共感〉は意図的に引き出す

結婚披露宴や、忘年会などのスピーチでも、〈共感〉の要素を活用できます。

その場合も、聞き手にどういう感情を抱かせるのかという目的をはっきりさせると、スピーチの内容は自ずと決まってきます。

例えば、結婚披露宴なら、その聞き手となるのは、新郎新婦やその家族、そして二人の結婚を祝うために集まっている人たちです。

スピーチの目的は「新郎新婦の〝幸福感〟を出席者全員で共有すること」でしょうから、そこにいる誰もが〝幸福感〟を得られるような新郎新婦のエピソードを、〝幸福感〟にあふれた言葉を多く取り入れてスピーチを構成すれば良い、ということになります。

ビジネスでたとえるなら、新規事業の立ち上げに際するスピーチの場合、聞き手であるメンバーの新規事業へのモチベーションを上げることが目的となるので、新規事業への期待感を抱かせるようなスピーチでなくてはいけません。

ワクワクする要素を強調しながら、事業の可能性を語れば、目的は果たされるでしょう。

このように、〈共感〉の主役はいつも聞き手側にあります。

そして〈共感〉は聞き手だけに委ねられたり、偶然生まれたりするわけではありません。説得のために必要な感情を抱かせるよう、スピーカーが聞き手を意図的に導くのです。

スピーチやプレゼンの際には、「何を説明するか？」「何分で説明するか？」「どういう資料が必要か」といったことばかりに気を取られてしまいがちです。

もちろんそれも大事なのですが、聞き手にどういう感情を抱かせたいのかを明らかにし、意図する感情を引き出すための策も練るようにすれば、スピーチやプレゼンの目的が果たされる可能性は飛躍的に高まります。

ここからは、聞き手の〈共感〉をどう得るのか。その方法についてレッスンしていきましょう。

聞き手の心を惹きつける

聞き手の〈共感〉を得ることでプレゼンは成功する

「I have a dream」「Yes We Can」のように短いキーワードを何度も繰り返すことで徐々に聞き手の感情を高める方法以外にも、さまざまな聞き手の心を惹きつけるテクニックがあります。

スピーチにある要素を入れて、聞き手を一気に惹きつける〝ツカミ〟と呼ばれるテクニックもその一つで、その多くは、スピーチの冒頭で用いられます。

冒頭からいきなり、となると、使うのには勇気がいるかもしれません。

事実、最初のひと言を発する時がスピーチで最も緊張する瞬間です。

さらには、あなたのスピーチが聞くに値するスピーチなのかを聞き手が判断する瞬間でもあります。

冒頭はスピーチのファーストインプレッションです。人の印象と同じく、スピーチの印象を決定するのもまた、出だしのひと言なのです。

その瞬間に、堂々と自信をもって、人を惹きつけるひと言から始めるのは、たとえ上級者でも勇気を要します。

そういった挑戦を避けるため、日本人のスピーチは多くの場合、決まり文句やありきたりの挨拶などで始まります。

しかり、ありきたりの挨拶や長く無意味な前置きは、あなたの心を落ち着かせる効果があったとしても、冒頭の大切なインパクトを台無しにしてしまいます。

もちろん、改まった式典などでは挨拶や前置きが必要な場合もあるでしょうが、その場合もできるだけ無駄な言葉はカットしましょう。

冒頭の無駄をなくし、ツカミを使いこなせるようになれば、あなたのスピーチはワンランクアップするはずです。

リーダーズ・スピーチ 実例4

冒頭で観客の心を一気に引きつけたスピーチ

〈2007年1月　スティーブ・ジョブズ　iPhone 製品発表でのスピーチより一部引用〉

ここでは、プレゼンの天才と言われるスティーブ・ジョブズの例を参考にしながら、ツカミのテクニックを詳しく見ていきましょう。

２００７年1月9日、Apple社は初代iPhoneの発売を発表しました。照明が落とされたサンフランシスコのモスコーンセンターの壇上のスクリーンに白いアップル社のロゴマークだけが神秘的に映し出される中、黒いTシャツにジーンズという姿で現れ、ゆっくりと舞台の端まで歩みを進めた、当時の最高経営責任者（ＣＥＯ）のスティーブ・ジョブズが、冒頭で発し、それによって聴衆の拍手と喝采を浴びたのがこのひと言です。

――2年半、この日を待ち続けていました。

「本日はお越しいただきありがとうございます」といった挨拶も、「今から、我が社の新商品をご紹介します」という前置きも全てカットし、「2年半待ち続けてきたことが、今、目の前で始まる」という、スティーブ・ジョブズの心況からプレゼンは始まりました。スマートフォンという歴史的な商品の幕開けを効果的な冒頭のツカミの言葉に凝縮したのです。

それによって「いまここで何かが始まる」という聴衆のワクワク感や期待感は一気に高まります。

もうこの時点ですでに、スティーブ・ジョブズは、彼が意図した共感を観衆に抱かせることに成功しています。

つまり、彼は冒頭のたったひと言で、会場全体のワクワク感という〈共感〉を手に入れ、会場全体を一つにしたのです。

数年に一度、すべてを変えてしまう新製品があらわれる。
それを一度でも経験できれば十分幸運といえるのですが――
アップルは幾度かそのような機会に恵まれました。
１９８４年、Macを発表。ＰＣ業界全体を変えてしまった。（拍手）
２００１年、初代iPod。（拍手）
音楽の聴き方だけでなく、音楽業界全体を変えた。

本日、革命的な新製品を３つ発表します。（拍手）
１つめ、ワイド画面タッチ操作の「iPod」。（拍手喝采）
２つめ、「革新的携帯電話」。（さらに拍手喝采）
３つめ、「画期的ネット通信機器」。（拍手）
３つです。
ワイド画面のタッチ操作iPod、革新的携帯電話、画期的ネット通信機器。

iPod、電話、ネット通信機器。
iPod、電話……（笑いと拍手）
おわかりですね？
独立した3つの機器ではなく、ひとつなのです。（盛り上がる観客）
名前は、iPhone。
本日、アップルが電話を再発明します。
これです……。（ここで、iPhoneらしからぬ商品が映し出され、笑いが起こる）
冗談です。
一応ここに実物があるけど、
まずは、スマートフォンとは何かについて話しましょう。

エンターテインメントの域に達していると言っても過言ではないスティーブ・ジョブズのプレゼンテーションは、iPhoneという舞台上の主役に最大限のスポットライトを浴びせています。

期待感、ワクワク感が最高潮に達したところで本題に入るわけですから、観衆の心を大きく揺さぶり、それを手に入れたいと熱望させるのは、もはや必然です。

iPhoneの発売日に世界中のアップルストアで長蛇の列ができたことは、それだけ多くの人がジョブズのこの見事なプレゼンによって、まだ見たこともない iPhone を手に入れたいという衝動にかられ、実際に行動を起こしたことを証明しています。

世界中に熱狂的な Apple ファンを生み出したのは、人々の心をつかむスティーブ・ジョブズの卓越したプレゼン能力による部分が相当に大きかったことは言うまでもありません。

ジョブズ以降、ＩＴ業界では「目に見えないもの」「手に取れないもの」を言葉で説明するプレゼンテクニックが、必須のビジネススキルと言われるようになりました。

ＩＴのようないわば無形商材は、そのスペックや機能を事細かに説明したところで、それが直接目には見えるわけではないので、消費者はあまりピンときません。論理的にすべてを説明したところでよくわからないのです。

さらに、無形商材の場合は、有形商材と違って、実際に手に取ってみることができなかったり、一定期間、実際に使用してみないと効果が分からなかったりする商品がほとんどです。

商品自体の説明をしてもすべては伝わらない、実際に使ってみることもできないとなると、どうすれば顧客の購買意欲を高められるのでしょうか。

顧客が商品を使うことで、どんなメリットが得られるのかを、データなどを用いて説明することは、誰でもするでしょう。

でも、それは〝頭の会話〟です。

説得するには、〝心の会話〟、つまり理屈ではなく、直感的に心で良いと感じられるような方法で伝え、共感を引き出す必要があります。

顧客がその商品を実際に使ってみての使用感や、手に入れた時の幸福感、その商品によって目的が達成された時の達成感など、顧客の感情にフォーカスするのです。

その商品を実際に手に入れたあとのような安心感やワクワク感を先んじて抱かせるようなプレゼンをすると、聞き手はその商品に興味を抱き、それを手に入れたらどんなに良いだろうという期待を膨らませ、すぐにそれを使ってみたいという衝動に駆られます。

また、スティーブ・ジョブズのように、商品の価値を強調することも欠かせません。この時のプレゼンでは、iPhone について、「Mac や iPod という今までの製品を、すべて変えてしまうような素晴らしい製品」だと、自ら紹介しています。

聞き手は、「そのような画期的な製品を手に入れることで、毎日が楽しくなりそうだ」とワクワクするような日常を想像します。

聞き手の購買意欲を高めるためには、難しいiPhoneの製品説明を完璧に繰り広げるよりも、聞き手の〈共感〉を引き出す方が効果的であることをプレゼンの天才スティーブ・ジョブズは知っていたはずです。

冒頭で聞き手の心をつかむテクニックとは

スティーブ・ジョブズのように、冒頭の一瞬で人の心を虜にするようなプレゼンができたら……。

聞き手の共感をほしいままにし、自由に人の心を動かすことができたら……。

誰もが夢見るこのようなスピーチテクニックも、囲碁の定石や将棋の定跡のように、ルールがあります。

実は多くの人が使っているそれらのルールを使えば、生まれながらのスピーチの天才でなくとも、人の心を惹きつけるスピーチはできます。

冒頭で惹きつける「ツカミ」のテクニックから最もよく使われているものを2つ学んでみましょう。

❶ 今の心境（本音）を言う

前出のスティーブ・ジョブズの例のように、スピーチの冒頭で、〝今〟の心境を述べるのは、聞き手をスピーカーのペースに引き込むのに効果的です。


「今、ここに立って、実は足が震えるくらい緊張しています」

「まさか自分が、このような賞をいただけるなんて、夢を見ているようです」


スピーカーの感情は目には見えません。

最初からスピーカーの感情をイメージする聞き手もいないでしょう。

ただ、その一方で〝緊張〟や〝思いがけない賞をもらった喜び〟という経験は誰にでもあることです。

スピーカーが率直に本音を語ると、聞き手は瞬時に自分も抱いたことのある感情とオーバーラップさせ、自然と〈共感〉が生まれるのです。

冒頭でちょっとした〈共感〉を得られると、スピーチが双方向になり、聞き手との距離がぐっと縮まります。

スピーカーにとって話しやすい雰囲気をスピーチの冒頭で作り出すことができるのです。

スピーチで緊張するタイプの人には、あえて冒頭で自分の状況を分析して、「心臓がドキドキ鳴っています」など、緊張していることを聞き手に伝えるようにアドバイスしています。

最初に自分の本音を聞き手とシェアすることで、気持ちがラクになるからです。

聞き手もスピーチが緊張するものであることを知っているので、温かい気持ちでスピーチを聞こうとしてくれるでしょう。

❷問いかけを使う

冒頭で聞き手をスピーチにぐっと引き込むもう一つのテクニックが〝問いかけ〟です。

このテクニックは、広告などでも多用されています。

「あと5キロ、痩せたいと思いませんか?」

もちろん、この問いの目的は、相手に「あと5キロ痩せたいかどうか（Yes or No）」を考えさせることではありません。

広告主が意図するのは「痩せたい（Yes)」という答えのみです。

つまり、出させたい答えはあらかじめ決まっていて、問いかけはその答えを誘導している手段にすぎません。

ではなぜ、最初から「あと5キロ痩せたいですよね」と言わないのでしょうか？

それは、聞き手に、主体的に考えさせるためです。

人というのは、他人が言ったことより、自分が言ったことを信じ込む傾向があります。つまり、自分が主体的に考えたことこそが正しいと信じるのです。

「痩せたいか」と問われた広告の受け手は、「痩せたい」と心の中でつぶやくはずです。それは、まぎれもなく自ら出した答えであって、押し付けられたものではありません。

こうして、聞き手が主体的に考え、自ら答えを出すことで、そこから先のメッセージも、自分で望んで受け取る情報であると感じます。

広告全体がストーリー（物語）だとすると、聞き手は主人公なのです。

一方的に与えられる情報は他人事のようにも思えますが、聞き手が自分のことだと感じるような情報は双方向です。

双方向と言ってもテレビに向かって直接話しかけたりはしないでしょう。でも、心の中では、その問いかけに対し、自分なりに考え、何らかの答えを出そうとします。聞き手をその話題に参加させ主体的に考えさせることができれば、話し手と聞き手の間には双方向のコミュニケーションが成立します。

また、問いかけのテクニックは、スピーチにも有効です。

大人数相手のスピーチの場合、聞き手は基本的に受け身です。

スピーカーから与えられる情報を「ただ聞くだけ」という姿勢から始まります。

そこで、問いかけを入れます。

例えば、「もし皆さんの余命があと1年だとしたら、何をしますか?」のような、誰でも考えられるけれど、真剣に考えたことがないような問いかけは、思わず自分だったらどうかなと考えさせられます。

問いかけは、その後のスピーチに繋がっていくものでなければいけません。

私がリーダースピーチをテーマにした講演などで問いかけを入れる場合は、

「『私には話す使命がある。なぜなら……』。その後にどんな言葉を続けますか?」

というような問いかけを使うでしょう。

そうすることで聞き手は講演を聞く前に、なぜ話し方を学ぶのかという目的をイメージできますし、「私には話す使命がある」という思いを先に明確にすることで主体的に講演に参加してもらえるからです。

リーダーズ・スピーチ 実例5

〝問いかけ〟で聞き手の感情を誘導するスピーチ

〈2010年 ジェフ・ベゾス プリンストン大学 卒業式「才能と選択の違いを知ること」より一部引用〉

問いかけのテクニックをスピーチに取り入れ、聞き手の感情を意図する方向へと誘導した名スピーチ、Amazonの創業者であるジェフ・ベゾスの母校の卒業生に向けたスピーチをご紹介します。Amazonを立ち上げる前、彼はニューヨークにある金融機関で働いていました。優秀な人々に囲まれ、エリート街道を歩んでいたベゾス。そんな彼がある日、それまで抱き続けていた「インターネットで本を売る会社を創りたい」という思いを上司に打ち明けます。

（前略）
彼の言うことももっともだと思いました。
更に彼は最終決断を下す前に48時間だけもう一度よく考えてみるべきだと私を説得しました。

安泰を取るか挑戦するか、とても難しい決断でした。


しかし最終的に私は挑戦することに決めました。

挑戦した結果失敗したとしても後悔はしないだろうと思ったのです。

それよりも、ここでやってみなければ一生後悔するだろうことは確実でした。色々考えた結果、私は情熱に従って、安全ではない道を選びました。

そしてこの道を選んで本当によかったと思っています。


明日になれば皆さんは現実社会へ飛び出していきます。

皆さんだけの人生を一からつくる為の第一歩を踏み出すのです。

皆さんは自分の才能をどんな風に使いますか？

これからの人生でどんな選択をしていくのでしょうか？


惰性で生きるのか、それとも自分の好きなことを追求していくのか？

皆と同じでいるか、それともオリジナルでいるか？

安定の人生を選ぶか、 それとも献身と冒険の人生を選ぶか？

批判されたら落ち込むか、 それとも自分を信じるか？

間違いを犯したらそれを隠そうとするか、 それとも謝るか？

恋をした時、 拒否されることを怖がるのか、 それとも思い切って行動に移すか？

安定を取るか、 それとも少し攻めていくのか？

困難な状況に陥ったら、 そこで諦めるか？ それともがむしゃらになってやるか？

皮肉屋になるか、 それともやってみるか？

他の人を蹴落としてまで賢くなるか、 それともやさしくなるか？

80歳になったあなたが、 あなたの過去を振り返るとしましょう。

その時に一番心に残っていること、 思い出すことはあなたが下してきた決断の数々であると私は思います。
あなたが何を選ぶか、あなたが下す決断が「あなた」をつくっていきます。
あなただけの道を切り開いて下さい。
皆さんのご活躍を心より祈って。ありがとうございました。

このスピーチは随所で問いかけを使っていますが、ここでの問いかけのパターンは「～か、～か」という選択の形です。

スピーチのテーマが「才能と選択の違いを知ること」だったこともあり、ジェフ・ベゾスは、自分の人生における選択の瞬間を取り上げ、学生たちに自分の人生と照らし合わせて考えてほしかったのではないでしょうか。

学生は、自分の出した答えを、成功者であるベゾスの選択と比較しながら、自分は成功者のような人生の選択ができるのだろうかと考えさせられます。

ベゾスは、そうした効果を想定した上で、押し付けではなく、問いかけという形で、伝えたいメッセージを発信したのでしょう。

「惰性で生きるのではなく、自分の好きなことを追求していきなさい」
「皆と同じでいるのではなく、他の誰とも似ていないオリジナルでいてほしい」
「批判されたからと言って落ち込むのではなく自分を信じなさい」
「安定を取るのではなく、攻めていきなさい」

真実はジェフ・ベゾスのみが知るところですが、おそらく彼が伝えたかったのはこのようなメッセージではなかったでしょうか。

大きなポイントとなるのは、ベゾスは学生たちに自分と同じ選択をさせることを直接的に奨励してはいないということです。

しかし、壇上にいるジェフ・ベゾスは、時価総額世界№1のAmazon創業者です。つまり、学生たちには、「正しい選択を重ねてきたことで成功した人物」として映っているはずです。

だからこそ、彼らはベゾスの意図した〝正しい答え〟に自らの意志でたどり着こうとするのです。

リーダーの意見は、ただそれだけで影響力をもつものです。

ゆえに、リーダーのスピーチはストレートに何かを推奨するような内容にしてしまうと、相応の強制力をもつ場合があります。

あくまで、「私の場合は~でした」「あなたはどうしますか」と自分の経験談を使ってヒントを出し、相手に主体的に考えさせるように導くパターンが有効です。

その際に問いかけのテクニックはとても有効なのですが、何度も言うように、その土台として、リーダー自身の〈人徳〉が聞き手に好ましく伝わっている、という前提が必要です。

「自分はベゾスのような成功者ではないので、このような〝問いかけ〟のテクニックは使えない」などと考えるのは間違いです。

重要なのは、成功の大小ではありません。

どんなに小さな成功でも、心から誇りをもって語ることができる人生の経験や価値観があるのであれば、それらすべてがあなたの〈人徳〉です。

些細な会話であっても、パブリックな場でのスピーチであっても、その〈人徳〉を誰かに伝える場は全て、あなたへの信頼の種をまくチャンスなのです。

主語をWeにして語ると共感が生まれる

オバマ前大統領のスピーチが、「Yes We Can」というキーワードで強力な〈共感〉を得た、もう一つの理由は、IでもなくYouでもなくWeという主語を使ったことです。

このテクニックは弁護士の間でもよく使われているそうです。

ある知り合いの弁護士から聞いた話なのですが、彼は依頼人との会話の中で〝私〟や〝あなた〟ではなく、常に〝我々〟という主語を使うそうです。

その目的は言うまでもなく、依頼人との信頼関係を素早く築くためです。

主語がYouやIだと、チームではなく、個々のイメージが強くなってしまいますが、Weであれば、依頼人と弁護士は、チームであると感じさせ、両者の間で一体感を生む効果があるからです。

『We Will Rock You』はロックバンドQueenの代表曲です。

ライブでは何万人というファンが、タイトルでもあるこのフレーズをこぶしを振り上げながら何度も繰り返し、会場は異様な盛り上がりの中で一体化していきます。

これは、短いキーワードを繰り返す効果でもあるのですが、仮にこの曲が、「I Will Rock You」だったとしたら……と想像してみてください。

おそらく、ここまでの一体感に浸ることができる歌にはならなかったはずです。

IでもなくYouでもなくWeであることが非常に重要で、それによって強力で揺るぎない〈共感〉が得られているのです。

主語としてWeを使うテクニックは、スピーチはもちろん、1対1で部下の話を聞く際にも、会議で企画について報告する際にも、クライアント先に出向いて営業する際にも、効果を発揮します。

主語をWe（我々）にするただそれだけで、聞き手を「スピーカーと自分は運命共同体である」という気分にさせるのです。

たとえ立場は違っても「同じ利益を求めている仲間」なのだという〈共感〉を一気に高める――。それが、Weの効果です。

さて、キング牧師の「I have a dream」や、オバマ前大統領の「Yes We Can」ように、短くて、かつ、インパクトのあるキーワードを繰り返すことは、〈共感〉を得るのに非常に効果的なテクニックであることはすでにお話ししました。

ただ、特に日本人の場合、なんとなく気恥ずかしいという思いが先に立つのか、残念ながらこのテクニックをうまく取り入れられる人は決して多くありません。

もちろん、「朝礼で声高に社是を連呼できる」というタイプの方にはぜひ実践してみていただきたいですが、あなたがそういうタイプでないのであれば、長めのセンテンスでキーワードを伝えるという方法もあります。

不思議なことに、ある程度長さのあるセンテンスなら、口にする際の恥ずかしさが抑えられるのです。

ただし、長すぎると印象に残らなくなるので、長くても5秒以内におさめ、大事なことが一言で伝わるセンテンスでなければなりません。

さらには、自分の思いを表現するのに最もしっくりくるフレーズを選ぶことも大切です。

このようなフレーズを私は、〝どんぴしゃ〟ワードと呼んでいます。

まさに、自分の気持ちを5秒で言い表す〝どんぴしゃ〟ワードを探すことが何より重要なのです。

また、そのセンテンスが実はキーワードなのだと聞き手に認識させるような話し方を心がける必要もあります。

ほかのセンテンスとは明らかに異なる間をとり、その言葉だけにスポットライトを浴びせるようにゆっくりと語るなどして、聞き手の印象に刻み付ける意識をもってください。

最低でも、スピーチの冒頭と最後の2回、出来れば中盤でもう1回同じセンテンスを繰り返せば、キーワードとしての役割は果たされるでしょう。

Lesson 5

聞き手をモチベートする

「～しましょう」では聞き手のモチベーションは上がらない

スピーカーの意図する行動を、部下に〝能動的に〟起こさせる、つまり、部下のモチベーションを上げるようなスピーチをしたいと、リーダーなら誰もが思うでしょう。リーダーが話す使命は、そこにあると信じている人も多いはずです。

Lesson 4で、ご紹介した、聞き手の心を惹きつけ、スピーカーの望む方向へと導くスピーチも、ゴールは、そのスピーチを聞いた人が「自ら判断し、主体的に行動を起こす」ことです。

強制や押し付けではなく、自然と聞き手をモチベートするスピーチのテクニックを身につけることで、部下だけでなく、プライベートでの親子関係や夫婦関係などでも、反発されることなく、相手が主体的に動いてくれるような話し方ができるようになります。

ここで、スキルチェックです。

「あなたの会社では来月から新しいプロジェクトがスタートします。そのプロジェクトの成功に向け、部下を鼓舞するためのスピーチを1分間で行ってください」

こう言われたら、あなたはどのようなスピーチをするでしょうか。

「このプロジェクトは社運をかけた重要なプロジェクトです。各自気を引き締めて全力を尽くしましょう」

あなたのスピーチはこのような内容になっていませんか？

実は、私のレッスンでは、部下のモチベーションを上げるためのスピーチの場合、「〜しましょう」「〜してください」という言葉を使うことを禁止しています。

理由は簡単です。

「〜しましょう」「〜してください」は、スピーカーが、聞き手にその行動を〝要求する〟言葉だからです。

「そうは言っても『〜しろ』ほどの強制力はないのではないか」と思うかもしれませんが、それなりの地位のある人が語る「〜しましょう」や「〜しなさい」は聞き手にとっては

「～しろ」と同じくらいの強制力があることを忘れてはいけません。

たとえば健康診断で医師から「病気にならないためにもう少し運動しましょう」と言われたとしたら、「運動しなければ病気になります」と言われるに等しい印象を受けませんか？

部下にとってのあなたの言葉は、それと同じくらいの重みがあるのです。

しかも、残念ながらその一方でその言葉に相手をモチベートする効果があるのかと言えば必ずしもそうではありません。

あなたが運動の必要性を自分自身で感じていない場合、実際に運動を始める可能性は決して高くないことは、あなたも想像できると思います。

つまり、「～しましょう」「～してください」は、強制される印象を与える割に、推奨の効果は意外なくらい薄いのです。

また、このような言葉が意味しているのは、「～してほしい」というスピーカーの願望でもあります。

「もういい年齢なんだから、そろそろ自立したほうがいいんじゃないか？」

「遊んでばかりいないで、少しは勉強しようよ」

親が子どものためを思ってこのような言葉を発しても、子どもはあまり聞く耳をもたないケースが多いのですが、それは聞き手である子どもにとって、この言葉はスピーカーである親の願望にしか聞こえず、そこに反発を感じてしまうからです。

このような〝要求が伝わる言葉〟では、聞き手が自主的に動くことはありません。

特に、上司と部下、親と子のように上下関係がはっきりしている場合に、このようなことが起こりやすいのです。

だとしたら、どういう言葉が良いのか。

実はこれは、とても難しい課題です。

なぜなら、自分ではなく、聞き手の立場や気持ちを踏まえた上で、その背中を押す言葉を、「～しましょう」以外で見つけなければならないからです。

そして、その言葉は相手の数だけあるといっても過言ではないでしょう。

そもそもリーダースピーチで最も必要なことは、部下の立場や気持ちを理解し、能動的に動けるようにその道筋を与えることであり、それこそが、モチベートの意味でもあります。

自分が部下の立場なら、上司からどんな言葉をかけられたら、素直に自ら進んでやる気になるのか？

考えるべきは、あなたが何を話せば相手のモチベーションを上げられるかではなく、相手は何を話されたらモチベーションが上がるか、なのです。

モチベートするスピーチは、視点を逆にし、相手の気持ちが盛り上がる言葉をとことん追求する必要があります。

私が、KEE'Sの講師研修をする時に最も重要視しているポイントが「インストラクション」です。

インストラクションとは、指示を与えて実際に行わせることを指します。スピーチで言えば、腹式発声というスピーチのための声づくりの練習などがそれにあたります。生徒さんに立ってもらい、姿勢を正し、呼吸法を整え、大きな声を出してもらわなければいけません。

その際、まだ経験の浅い講師は、「それでは立ってください」と指示から入ります。

けれども、腹式発声の練習がやりたくてしょうがない生徒さん以外は、「何が始まるんだろう」という不安な思いを抱くはずです。

では、どうすれば、自ら立ち上がり、早く発声練習をしてみたいという気持ちになるのでしょうか？

私がインストラクションで徹底するのは、実践の前に、まず生徒さんのモチベーションを上げることです。

発声練習で言えば、腹式発声で声を出せば、どんな良いことがあるのかを伝えることにあたります。

「腹式発声は大きい声が出せるだけでなく、質の良い声が出せるので聞き手に心地よく響きます。プレゼンやセミナーで長時間話す方、喉が痛くなったり、かすれたりした経験はありませんか。腹式発声を練習すれば、喉に負担をかけずいい声で話すことができるようになります」

こう話すと、腹式発声の練習をすると自分にもメリットがありそうだと気が付いてもらえます。

ただし、ここでもまだ実践はさせません。

次のステップは、私が腹式発声で声を出してみて、その声が普段話している声といかに違うかを実際に感じてもらうことです。

そうすると、生徒さんの心の中では「こんな声が出せたらビジネスで有利になるだろうな」という動機が生まれます。

そこで、やっと実践練習……と思われるでしょうが、これでもまだ不十分です。

最後に、腹式発声のやり方を、順を追って説明します。そして、生徒さんの中から一人代表者に前に出てきていただき、私が説明する通りに実践してもらいます。

この頃になると、座ったままの生徒さんは、「早く立ち上がって自分も腹式発声の練習をしてみたい」という気持ちが高まっています。だから、中には自ら進んで実践役を買って出てくださる方もいらっしゃいます。

インストラクションでスムーズに動いてもらい、練習の効果を最大化するには、ここまで引っ張る必要があると考えています。

部下を動かすことも、一種のインストラクションです。

具体的な指示を与える前に、まずは、部下のモチベーションを上げなければ主体的に動いてもらうことはできません。

部下をモチベートするためには、動きたくて動きたくてウズウズする、そんな状況を創り出すことが大事なのです。

そのために、何をすればよいのか、どんな言葉をかければよいのかを見つけるには、何より「相手を知ること」が前提になります。

つまり、リーダーには、部下の性格やその時の状況、心情を客観的に分析する観察力や洞察力を磨くことが求められるのです。

その上で、部下が今言ってもらいたい言葉とは何なのか。もし、自分が部下の立場であれば、どんな言葉によって心がラクになったり前向きに頑張ろうと思えるのか――。

それを考えれば、部下の心を動かす言葉は自ずと見えてきます。

それが決して「～しましょう」や「～してください」というような言葉ではないことに、あなたはすぐに気づくでしょう。

聞き手のモチベーションが上がり、かつ感謝される話とは

スピーチの大前提は、聞き手にとって役に立つ情報を伝えることです。

アリストテレスも、「スピーチの最終目標は聞き手に向かってである」と言っています。

昨日のゴルフのスコアがどうだったとか、結婚式の祝辞で自社の紹介ばかりするとか、自分のプライベートの話をスピーチで長々と話す人は、最終目標が話し手に向かってしまっています。

さらに悪いことに、こういう自分勝手に話すタイプの人ほど、自分はスピーチ上手だと誤解しています。

反対に、「貴重な聞き手の時間を借りて、何を伝えることが話し手としての使命なのだろうか」と考えられる人は、自ずと、聞き手に有益な話をすることができます。

聞き手にとって、仕事に対するモチベーションが湧いてくるような話は、モチベーションが上がる話題であると同時に有益な話題であるとも言えます。

つまり、あなたの話を聞いて今まで以上に仕事を楽しく、やる気をもって進めることができるのだから、聞き手はあなたに感謝するだけでなく、喜んで仕事に邁進してくれます。

親が子どもに対して、勉強するモチベーションを上げる話をする時にも、「勉強しなさい！」と自分のストレスをぶつけるのが最終目標ではありません。

目標はあくまで、子どもがモチベーションを上げて勉強することです。

であれば、どんな話をすればあなたのお子さんのモチベーションが上がるのか考えれば良いのです。

その勉強を頑張った先には、どんな学校生活が待ち構えているのか、どんなに明るい将来が広がっているのかを、叱りつけるのではなく、希望に満ちた明るい話し方で語って見せたほうがモチベーションは上がるでしょう。

大事なのは、相手のためのスピーチだという意識をもつこと。聞き手の立場に立って、聞き手がモチベーションを上げると思われる話をすること。そして、聞き手が何を望んでいて、どんな言葉によって励まされるのか、想像して話すこと。

これらは、スピーチの内容を考える前の段階から必要なスピーカーとしての心構えです。

実践トレーニング8 ｜ 部下をモチベートするレッスン

P．104のスキルチェックの課題にもう一度取り組んでみましょう。

あなたの会社では来月から新しいプロジェクトがスタートします。そのプロジェクトの成功に向け、部下を鼓舞するためのスピーチを1分間で行ってください。

★STEP1

課題のスピーチについて、次の3つの質問に答えてください。

❶スピーチの目的

あなたのスピーチは、どうなったら成功でしょうか？

❷聞き手に期待すること

あなたのスピーチによって聞き手が、どう思い、どう行動することが望ましいでしょうか？

❸聞き手の立場に立つ

もしもあなたが、聞き手の立場だったら、上司にどういうことを言ってもらいたいですか？

★STEP2

STEP1の回答を踏まえ、スピーチを完成させましょう。

リーダーズ・スピーチ 実例6

聞き手のモチベーションを上げるスピーチ

〈2009年6月4日 カイロ大学での演説 バラク・オバマ「新たな始まり」より一部引用〉

人をモチベートする演説家と言えば、真っ先に思い浮かぶのは、アメリカ前大統領、バラク・オバマ氏です。

2009年に初のアフリカ系アメリカ人として第44代大統領に就任した彼は、その年の年末にノーベル平和賞を受賞します。

就任して1年も経たずして受賞したノーベル平和賞。ここでは、受賞を後押ししたオバマ氏の歴史的なスピーチをご紹介します。

オバマ氏が就任した頃、西洋とイスラム諸国の関係性は一触即発のごとく張りつめていました。その緊張関係を解消し、人種や宗教を超えた国際協調を訴えるために、エジプトのカイロ大学で演説をしました。

そこで彼は55分にわたり、中東和平、核兵器、宗教、女性の権利、経済など多くの問題について語りました。

世界中の人に、差別や人類の平和を考えさせるきっかけとなった演説のすべてをご紹介したいところですが、ここでは、彼のメッセージが込められた結びの一部をご紹介します。

（前略）

私たちがこの世界を共有するのは、ほんの短いあいだです。そこで問わなければならないのは、私たちがその時間をお互いから引き離すことに力を注いで生きるのか、それとも共通の基盤を見出し、子供たちに与えたい未来に焦点を合わせ、すべての人間の尊厳を尊重することに持続的な努力を傾けるのか、ということです。

戦争は終わらせるより始めるほうが簡単です。自分の内面を見つめるより他人のせいにするほうが簡単です。人との共通点を探すより、違いを見つけるほうが簡単です。しかし私たちは、単に簡単な道を選ぶのではなく、正しい道を選ぶべきです。

また、あらゆる宗教の中核には同じ教えがあります。それは「自分がしてもらいたいことを、人にもしなさい」ということです。これは国や民族を超越する真理です。新しい信条ではなく、肌の色が黒くても白くても褐色でも関係ありません。キリスト教もイスラム教もユダヤ教もありません。文明の揺籃期に鼓動しはじめ、今も何十億という人の心に脈打つ信条です。それは他者を信頼することです。私を今日ここに導いたのもこの信条です。

（『世界を動かした21の演説 あなたにとって「正しいこと」とは何か』
クリス・アボット著　清川幸美訳　英治出版）

当日、会場には数千人の聴衆が集まり、中にはイスラム教徒も多く含まれていました。

演説の動画を見ると演説中は随所で拍手喝采が起こり、イスラム教を信仰する人々にも好意的に受け止められていたことが分かります。

彼の演説は、終始穏やかな口調であるにもかかわらず、人の心を動かす圧倒的パワーを秘めています。

それは、彼自身がそれまでの経験の中で培ってきた信条がそのベースにあるからです。オバマ前大統領は、ケニア人の父とアメリカ人の母を持ち、祖父はイスラム教徒という家族構成で、幼少期をハワイやインドネシアで過ごしただけでなく、イスラム教国にも住んだ経験があります。

演説でも彼自身がそう語っているように、人種も宗教も関係なく、「自分にしてもらいたいことを、人にもする」という信条は、そうした人生経験から生まれてきた彼の人生哲学ではないでしょうか。

政治や経済、人種といった、普遍的で複雑な問題に対しても、ぶれることなくその信条を全うしようとする姿に、聞いている人たちは心動かされるのです。また、オバマ大統領の語る真理は、政治がわからない人たちにもすぐ理解できるほど短く簡単なものです。

〈共感〉テクニックのところでもお話ししたように、「Yes We Can」も誰にでも理解できるフレーズです。核心となる信条を、短く簡単な言葉で伝える手法はオバマ前大統領のスピーチの特徴で、聴衆はそういったキーワードから彼の強い信念を感じ取り心を動かされるのです。

偉人の言葉でモチベートする

「自分には聞き手の人生に影響を与えるような経験も信条も思い浮かばない」と不安になるかもしれません。

でも、仕事のキャリアが浅かったり、胸を張って語ることができる信条がなくても大丈夫です。

偉人の言葉などを引用すれば、聞き手をモチベートすることはできるのです。

歴史的に名言が残されているような偉人の言葉は、即座に聞き手の信用を得やすいという効果があります。

なぜなら、その人が行った偉業や生き様など、つまり〈人徳（エトス）〉を一から説明しなくても〝歴史的な偉人〟というだけで、その言葉に対しても信頼が得られてしまうからです。

その意味では、自分の信条を伝えるより簡単な方法であるともいえます。

もちろん、なんでもかんでも知っている名言をただ引用すればいいというわけではなく、目的に合致したものを選ばなくては意味がありません。

そのためには、

① 聞き手が今必要としているのはどのような言葉か

② その言葉を聞いて聞き手にどうなってほしいのか

の2点を考えた上で、ぴったりくる名言を探すというステップを踏むのを忘れないでください。

例えば、

① 聞き手は、新しい道に進みたい気持ちがあるのに、決断を迷っているから、勇気が湧く言葉を欲している。

② 思い切って一歩踏み出してほしい。

だとしたら、

「成せばなる、成さねばならぬ何事も、成らぬは人の成さぬ成けり」

という上杉鷹山の言葉はぴったりですし、女性であれば、

「20歳の顔は自然から授かったもの。30歳の顔は自分の生き様。だけど50歳の顔にはあなたの価値がにじみ出る」

というココ・シャネルの言葉なども私は好きです。

できれば引用する偉人の言葉があなたという人物にしっくりくるほうが、違和感を感じさせることなく使えます。

歴史好きであれば歴史上の人物の言葉、ファッション好きであればデザイナーの言葉など、あくまで、あなたがこれまでの人生の中で出会い感銘を受けたのだろうと感じさせる名言が良いでしょう。

偉人の言った言葉を借りることを躊躇する必要はありません。

なぜならその言葉を選択しているのは、あなたの価値観だからです。聞き手が必要とし

ている要素が偉人の言葉の中にあると判断したのなら、それを伝えることが、リーダーとしてのあなたの使命であり、それができるのはあなただけです。

だから、たとえ他の人の言葉であっても遠慮せず、自信をもって伝えましょう。

その言葉を通じて、あなたの大事にしている信念や価値観、信条が聞き手にも伝わります。

Lesson 6

聞き手の心をほぐす

ユーモアのセンスをもったリーダーになる

笑いを誘おうとするのは明らかに弁論家のなすべきことです。なぜなら、朗らかさそのものが、その朗らかさを引き起こした人に（聴く人の）好意をもたらしてくれるものであるから……（略）。（キケロー『弁論家について・下』大西英文訳　岩波文庫　2005年）

あなたのスピーチをよりリーダーにふさわしいものに仕上げるために、絶対欠かせないもの。

それは、ユーモアです。

ユーモアは、スピーチする人の物の考え方や行動、価値観、そして人間としての面白みや余裕を一瞬にして伝えることができます。

さらに、ユーモアがもつ最大の効果は聞き手の心をほぐすことです。

種をまいたり水を撒いたりする前に、土をしっかり耕し、柔らかくしておく必要があるように、聞き手に必要なメッセージを伝える前に、その心をきちんとほぐしておくことがとても大事なのです。

ただし、落語家やお笑い芸人のように笑いを取ろうと狙いすぎるのは失敗の元です。中途半端なギャグで、「ここは笑ったほうがいいのだろうか」と聞き手に気を遣わせてしまうような結果になれば、本末転倒になってしまいます。

ユーモアを取り入れる手段として失敗が少ないのは、つい表情がほころび、クスッと笑えるようなエピソードを披露することです。

ですから、日常で遭遇するそのような出来事に敏感になり、いつでも取り出せるよう準備しておくとよいと思います。

そこに、特別な笑いのセンスは必要ありませんが、何ごとにも遊び心をもつように心がけることは大切です。

また、短いジョークを使うのも良い方法です。ただし、誰かを傷つける可能性があるブラックジョークは避けるべきです。

特に外見や能力を取り上げてジョークにする場合は、その影響を慎重に考えたうえで使うようにしましょう。

（略）弁論家と下品な嘲り屋とを分ける違いは、時に対する慮りと、揶揄そのものの節度と自制と、それに言葉の即妙さということになりますし、また、その違いはこういう点にもあることになります。つまり、われわれ弁論家は、滑稽な人間と思われたいがためにではなく、何かに役立てようとして、訳あって揶揄を語るのに対して、嘲り屋のほうはのべつ幕なしに、訳もなく語るという点です。（前掲「弁論家について」）

ジョークを使う場合はいつも、相手への影響や、節度というものを考えなければいけません。例えば、生徒さんで、こんなジョークをスピーチに取り入れようとしている方がいらっしゃいました。

「田中さんは、現役中仕事はあまりしないタイプでしたが、定年退職されてから趣味には力を入れていると伺っています」

定年した上司の近況をジョークとして取り入れようとした例です。

確かに笑いは取れるかもしれませんが、「元上司に対して失礼なのではないか」と聞き手に感じさせてしまう危険性があります。

スピーカー自身がその上司ととても親しい関係だった場合、このようなスピーチになりがちなのですが、そういう距離感や上下関係に対する価値観が聞き手と共有されていることが明らかでないなら、配慮は必要です。

では、このスピーチが、人によっては失礼だと取られてしまう原因はなんなのでしょうか。

それは、「仕事をあまりしない」と否定の言葉を使っているせいです。

内容はほぼ同じでも、例えば、

「田中さんは、定年退職されてから趣味を満喫されていて、仕事をしている頃よりお忙しいと伺っています」

これなら、否定の言葉が入らないので、〝批判〟の要素はありません。それでいて、程よいユーモアも感じられます。爆笑は起こらないかもしれませんが、会場には和やかな空気が流れ、聞き手の心もほぐれるはずです。

実際にこのようにジョークを変えて、本番では笑いを取るのに成功したということでした。

もちろん、自分自身のことなら、第三者を傷つけることはないので、難易度はぐっと下がります。

また、あなたの人柄を魅力的に伝えたり、親しみやすさを感じさせるという効果もありますので、ちょっとした失敗談などを面白おかしく披露するのもよいでしょう。

ただし、聞き手が笑うことを躊躇するほどの自虐ネタや、結果的に第三者を含めて下げてしまうようなネタは、やはり避けるべきだと思います。

エグゼクティブスピーチにおけるユーモアは、豪速球ではなく、ふわっと投げてストライクを取るようなイメージがベストです。同じ場所に投げるにしても、受け取る相手にとって、優しく受け取りやすい球を投げることが重要なのです。

リーダーズ・スピーチ 実例7

人の心を明るく照らすユーモアの神髄

〈1976年　本田宗一郎　SONYで行ったスピーチより一部引用〉

ホンダの創業者である、本田宗一郎氏は、1982年、政府の行政改革について語った講演会の中で、「日本人にはユーモアが足りない」と一喝しました。落語などに代表される日本の笑いと、自身がアメリカで経験したコミュニケーションの一環であるユーモアの位置づけは違うとして、「ユーモアとは、相手と付き合う時の余裕であり、相手を惹きつける言葉である」と話しました。

そして、これからの国の在り方について「我々が笑顔でみんな健康に、豊かな暮らしをしたい。そういう意味でもぜひ冗談を飛ばせるような国民になって余裕のある生活をみなさんのお力で実現したい」と結んでいます。

そんな本田氏が、1976年にSONYで行ったユーモアに溢れる貴重なスピーチをここでご紹介しましょう。

只今ご紹介にあずかりました本田でございます。えー、ぼくの碁はザル碁。碁じゃなくて将棋でございますが。

ぼくは、〝王様〟なしでいっぺん将棋をやってみたいと思ってるんですよ。安心してやれるからね。王様があるためにこっちは苦労してるんですよ！

そうすりゃ、角と飛車をしっかり守ってりゃいいんだからね（笑）。まぁ、そんくらい程度のものですよぼくは（会場笑い）。

そのとこへ、升田名人がひょっと来て

『お前のうちは、うまく歩を使ってるな。歩というのは素晴らしいものだよ。敵陣に行けば、〝金〟になる。だから、とられても相手が使うときはもう〝歩〟だ。こんなに合理性のあるものすごいいいものはない。これをうまく使うやつが名人だ」

と、こう言ったんです。その彼がぼくに三段をくれるって言うんですよ。「本田、お前に三段をくれてやる」と。それはいいな、大丈夫か？ って言ったら、その代わり一つ条件があるって言うんですよ。

「絶対に他人ともやらんと、あれ（念書）を書け」

ってね（会場笑い）。

あのホンダの創業者のスピーチが始まるということで、おそらく会場には、ピリピリした緊張感が漂っていたはずです。

ところが、本田氏はまるで隣のおじさんが話しているような口調で、「まあ、そんくらい程度のもの」だという自分のエピソードを話し始めます。会場から起こる笑いは、会場の緊張が緩み、聴衆の心がほぐれていくのをよく物語っています。

しかも、ただ面白いエピソードを語っただけではありません。経営を将棋にたとえながら、「歩を上手く使うやつは天才」というメッセージを伝えています。

そのことを真面目に語るのではなく、ユーモアを主題に語るこのスピーチからは、本田氏の包容力や器の大きさが十分に伝わってきます。

聞き手に親しみを抱かせ、安心して笑えるエピソードを披露する――。

これは、リーダースピーチのユーモアとしてまさに理想的で、多くのリーダーたちに磨いていただきたいスキルだと思います。

ユーモアとは「聞き手と一緒に笑い合える幸せ」

前出の本田氏に倣えば、ユーモアとは、「〝みんなが冗談を飛ばし合える幸せ〟を共有できること」だと定義できます。

つまり、〈共感〉を得るためにユーモアを取り入れるなら、スピーカーが一方的に聞き手を笑わせようとするのではなく、聞き手と一緒に笑えるような話題を共有することが大事なのです。

そういう意味では、モチベーションを上げるスピーチと考え方は同じです。まずは、聞き手側の目線で「どんな話に笑いたくなるのか」を考え、何を話すかを考えなくてはいけません。

聞き手との距離をユーモアでぐっと引き寄せることに成功した素晴らしいスピーチをもう一つご紹介しておきましょう。

リーダーズ・スピーチ 実例8

聞き手とユーモアを共有する名スピーチ

〈2019年 トヨタ自動車株式会社社長 豊田章男 バブソン大学卒業式でのスピーチより一部引用〉

この、大変特別な2019年の卒業生のみなさまへ、まずは私から、お祝いの言葉を述べさせて頂きます。

単刀直入にお話しさせて下さい。

そこに座っているみなさんの中に、卒業後、「どこで働くのか」というストレスを抱えている人がいると思います。

「どんな企業が自分に仕事をくれるのか」と考えているでしょう。

では私が皆さんの心配を今すぐ取りさりましょう。

一人一人、全てのみなさんに、トヨタでの仕事をオファーします。

(会場大きな拍手)

ただ、まだ人事部の了解はとっていないのですが…

(会場笑)

でも、たぶん大丈夫だと思います。

さあ、これで就職の悩みは解決しました。

もっと大切な話をしましょう。

この記念すべき場面をどう過ごすか。今夜のパーティでどれだけ羽目を外して楽しむか、ということです。

(会場笑い)

それから、もっと大事なのは……私も行ってもいいでしょうか?

(会場笑いと拍手)

でもあんまり遅くまではいられないんです。明日は『ゲーム・オブ・スローンズ』の最終回ですから。

(会場笑)

これは、トヨタ自動車の豊田章男社長が2019年に母校であるバブソン大学の卒業生を前に行ったスピーチの一部です。

目の前に座っている学生たちの心情にぴったりハマるユーモアを連発することで、一体となっていく会場の空気が文面を読むだけでも伝わってきます。

本田宗一郎氏と同様に、豊田社長も秀逸なユーモアによって、会場に漂っていたであろう緊張感を瞬時に溶かし、聞き手の心をオープンにすることに成功しています。

多くの方は「ユーモアを入れて、雰囲気を和ませたところで本題に入る」というユーモアの使い方に固執してしまいがちです。もちろんそれ自体はユーモアを活用する際の王道でもあり、間違ってはいません。

でも、この豊田社長の、ユーモアのやり取りを一貫して純粋に楽しんでいるその姿勢は、その概念のはるか上をいっている印象があります。

このスピーチのユーモアは「会場の空気感を和らげて、スピーカーが話しやすい環境を作る」という目的を超え、「人を笑顔に、幸せにしてくれるもの」というアメリカンジョークの神髄に沿ったものであるようにも思えます。

豊田社長のスピーチが優れているのは、遠い存在であるはずの世界的な大企業の社長が、聞き手の価値観にまで自ら歩み寄ることで、見事な親和性を生み出している点です。

豊田社長の〈人徳〉が心に響き、「トヨタで働きたい」と本気で考え始めた学生がいても全く不思議ではありません。

人は価値観を理解してくれる人に心を許し、その人を全面的に信用する傾向があります。相手の価値観に歩み寄ることは1対1のコミュニケーションにおいても必要な姿勢ですが、多くの聞き手を相手にするスピーチでも〝共感テクニック〟は効果抜群なのです。

実践トレーニング9 ユーモアを交えてスピーチするレッスン

あなた自身を「面白みのある人」と思わせるエピソードを、ユーモアを交えて1分でスピーチしましょう。

発想のヒント

・これまでの人生で一番面白い失敗は何ですか?
・あなたが、家族や友達からからかわれるのは、どんなところですか?
・最近、あなたが経験した、面白かったエピソードはどういうものですか?

THE SPEECH

第3章

“論理”をどう組み立てるか

論理で人を説得するとは？

ひとが言論そのものをとおして信を抱くのは、個々の事例に関する説得的なものに基づいて、われわれが「本当のもの」ないしは「それと映るもの」を示してみせる場合である。
（「弁論術」第1巻 第2章／前掲「アリストテレス全集18」）

説得の3要素の最後の一つは〈論理〉です。

これまでは、人徳や共感といった、説得をスムーズにするための要素をご紹介してきましたが、〈論理〉というのは、「言論そのもの」を指します。

「君の話は論理的でない」「まるで説得力がない話し方だ」のように指摘されたことがある場合は、この章で出てくるテクニックを知っておくことで、相手が自ずと、「うん」と納得せざるを得ない状況にもっていくことができるようになるでしょう。

アリストテレスは、〈エトス（人徳）〉、〈パトス（共感）〉に続き、説得に必要な第三の要素を〈ロゴス（論理）〉と呼びました。

アリストテレスの言葉を借りれば、〈ロゴス〉＝言論そのものによって説得するためには、「納得のいく論に立って」、正しいか、そうでないか、を証明しなくてはいけません。

「納得のいく論に立って」説得する

これは一見、当たり前に聞こえるかもしれませんが、「納得のいく論」を組み立てることは、多くの人が意外とできていません。

実は私たちが誰かを説得するとき、あるいは説得されるとき、言論そのもの以外の力が働いています。

例えば、上下関係がはっきりしている時、立場を利用して自分より立場が下の人を説得することや、説得されることでほかにメリットがあるため、本意ではないにしろ相手の要求を受け入れること、または、ただなんとなく相手の話に引き込まれていくうちに説得されてしまったなど……、論理とは無関係のところで、人を説得したり逆に説得されたりすることは数多くあるのです。

でも、この章であなたに学んでいただきたいのは、相手との立場や利害関係などの力を借りなくても、言論そのもので相手を説得する方法です。

そして、目的によって最適のテクニックを選びながら、スピーチの中に盛り込んでいき、論理を使いこなすスキルも磨いていただきます。

あなたの話が「説得力に欠ける」「論理的でない」としたら、それは何によって人は説得され、何をもって論理的であるとするのかが理解できていないからです。

納得のいく論を繰り広げるために、まず何によって人は説得されるのかを考えてみましょう。

誰にとっても「納得のいく論」とは、「聞き手の誰にとっても正しいと信じられるもの」と言い換えることができます。

多様化の時代と言われる現代は特に、個々の価値観はさまざまです。誰かにとって正しいことが、他の誰かにとっては必ずしも正しいとは言い切れないケースも多々あるでしょう。

たとえば、ひと言で〝正義〟と言っても、「横断歩道を渡るお年寄りに手を貸すこと」などの〝善行〟を思い浮かべる人もいれば、一方で、戦隊ヒーローなどの「悪に立ち向かうもの」だと考える人もいます。人の数だけイメージは違うと言っても過言ではないかもしれません。

そのような、価値観の違う相手を説得する時、どのような前提に立てば、相手を納得させることができるのでしょうか。

それは「人として、正しいと信じるべきこと」という前提、つまり、

今も昔も変わることなく、「人として正しい」と信じられている、〝徳〟に属するさまざまな要素です。

例えば先ほどの例を取ってみても、「横断歩道を渡るお年寄りに手を貸すこと」も「戦隊ヒーロー」も、実は、経験に左右される正義のイメージの話にすぎません。

正義に対するイメージはそれぞれ違っても、「正しく良いこと」という正義の定義そのものは普遍的に誰もが正しいと信じる徳に属しているため、異論をとなえる人はほとんどいないでしょう。

論理の前提になり得る、聞き手の誰しもにとって正しいと信じられることとは、単なる表面的な価値観やイメージではなく、このように、「普遍的に定義されたこと」「誰もが認める前提」だと捉えるとわかりやすいのではないかと思います。

KEE'Sの子ども向けのディスカッションレッスンの際に、こんな課題を出したことがあります。

「ドラえもんの道具、スモールライトは、あったほうがいいのか？　ないほうがいいのか？」

ご存じかもしれませんが、スモールライトとは、どんなものでも小さくしてしまうドラえもんの秘密道具の一つです。

それを使えば、自分が小さくなることもできるし、物を小さくすることもできます。またそうやって小さくなったものも、もう一度、スモールライトをあてれば、元の大きさに戻すこともできるという夢の道具です。

子どもたちのディスカッションやディベートのテーマは架空の出来事のような楽しいテーマを設定します。

子どもたちは想像するのが好きという理由もありますが、突拍子もない意見から大人が思わず納得させられる論が出てきたりするためです。

このテーマについても、子どもたちは、課題の結論を出すため、自分が考えるメリット・デメリットをあげながらディスカッションを始めました。
「小さくなったら、小人になって、花を細かい部分まで観察できる」
「食糧不足の国なら、体が小さくなったぶん少ない食べ物で間に合うようになる」
など、スモールライトのメリットをあげる意見が多く出ました。

さらには、「荷物を運ぶとき、小さくしたら、配達の人が楽に運べる」という意見も出て、「小さくしたものを元に戻せるのなら、スモールライトはあったほうがいい」という結論にほぼまとまりかけたとき、あるお子さんがこんなことを言い出したのです。

「スモールライトで、荷物を小さくして発送するのは、送料をごまかせたりするのでダメだと思います」

もちろん、「花を観察できる」「食糧の消費を減らせる」「荷物が運びやすくなる」なども議論のためには必要な意見です。ただし、あくまでもそれらは、主観的な「あったらいいな」に過ぎません。

ところが〝不正〟は、文字通り、誰もが良くないことだと認識する普遍的な悪です。

悪の定義は覆せない真実なので、このディスカッションの結論を「あったほうがいい」に導こうとすれば、「不正を許してでも、あったほうがいい」と言わざるを得なくなります。

それは〝悪〟を認めることになるのですから、徳を前提にすると論理は成り立ちません。

このように、普遍的な定義や前提というのは、たとえたった一つの要素であっても、他のさまざまな議論を封じ込める力があります。

だからこそ、誰もが正しいと信じることを前提にして組み立てる論理には誰しもを納得させる説得力があるのです。

つまり、「不正が起こるのであれば、（スモールライトは）ないほうがいい」という結論には反論の余地はありません。

これこそが「納得のいく論」に基づいた説得なのです。

そうなれば、知りたいのは、誰もが正しいと信じる事象には他にどのようなことがあるのか、ということでしょう。

アリストテレスは「善いもの」を以下のように定義しています。

「幸福、正義、勇気、節制、寛大、豪胆、その他この種の性向。健康や美しさやそれに類するもの。富。友人および友情。名誉と名声。弁論力および行動力。優れた素質、記憶力、理解力、鋭敏さなど、この種の性質すべて。すべての学問および技術。生きること。公正であること。」

（「弁論術」第1巻 第6章／同前より要約）

これらは、普遍的に人間が正しいと信じる事象です。

論理を組み立てる際、その大前提が間違っていないかを見極めるための普遍的な基準として、参考にしてみてください。

人の心理をも巧みに操る「言葉の威力」

実は、「普遍的な定義」や「誰もが認める前提」でなくとも、あたかもそれこそが真実であるように聞かせることで、聞き手を説得に導いてしまう危険なスピーチは実際に存在します。

そのようなスピーチで人々を煽動した例が、ナチスの指導者だったアドルフ・ヒトラーです。

人を説得しうるのは、書かれたことばによるよりも、話されたことばによるものであり、この世の偉大な運動はいずれも、偉大な文筆家にでなく、偉大な演説家にその進展のおかげをこうむっている、ということをわたしは知っている。

（アドルフ・ヒトラー『わが闘争（上）』平野一郎、将積茂訳　角川文庫）

この言葉が表すように、ヒトラーは演説によって大衆の心を意のままに操れると信じ、言葉によって世界をも征服できると考えていました。大げさなジェスチャーや、歌唱家から学んだと言われる力強い発声を使って人々を煽動しました。また、〝言葉の威力〟によって大衆に影響を及ぼす宣伝（プロパガンダ）を常に最優先させたと言われています。

大衆の受容能力は非常に限られており、理解力は小さいが、そのかわりに忘却力は大きい。この事実からすべて効果的な宣伝は、重点をうんと制限して、そしてこれをスローガンのように利用し、そのことばによって、目的としたものが最後の一人にまで思いうかべることができるように継続的に行なわれなければならない。

（同前）

「要点を絞って、伝わりやすい言葉を繰り返し伝える」というまっとうな内容を語っていますが、ヒトラーはこの技術を、自らの野望の実現という間違った目的のために利用しました。

実際、そのような傾向は、ディンゴルフィングにおけるナチ党集会（1925年12月12日）における彼の演説にもあらわれています。

（前略）

われわれは、われわれの理念が、もしそれが正しいのならば、普及するであろうことを確信してかまわない。

そしてそれは正しいのであり、普及するのである。

そのことは、今日のドイツにおいて明らかである。

あらゆる妨害、あらゆる迫害、あらゆる禁止、そして指導者たちを倒して麻痺させようとする（指導者たちの活動を封じようとする）あらゆる試みにもかかわらず、この運動は中断されることなく広がっている。

四、五年前に誰がいったい、この運動が全国の小さな街々にまで広がると予感したであろうか。

われわれはとりわけ、「意志があれば道は平坦になる」ということばを肝に銘じておかねばならない。

（後略）

（ヒトラー演説—熱狂の真実」高田博行著中公新書より一部引用。著者による通し番号、段

落分けのローマ数字は省略）

ヒトラーはドイツ政府に対する人々の不満を利用して、自身をあたかも苦境を救う救世主のように感じさせるスピーチを繰り広げたのです。

このスピーチは、「われわれの理念が正しければ普及する」という前提で話し始めていますが、その根拠が示されないまま、「そしてそれは正しいのであり、普及する」「今日のドイツにとって明らか」と結論付けています。難しい内容をカットし、伝えたい内容を一点に絞ることで大衆の感情を支配しようとしました。

また、同じ境遇の人が集まると感情が高まりやすくなるという群集心理を利用したり、人の心が惑わされやすい夕刻に演説を行ったりもしました。ヒトラーは、レトリックだけでなく心理学も研究し尽くしていたことが知られています。それは、彼自身が〝言葉の威力〟の偉大さを認識し、演説によって大衆を煽動し、行動を起こさせることで革命が成立すると信じていたからです。

だが、宗教的、政治的方法での偉大な歴史的なだれを起した力は、永遠の昔から語られることばの魔力だけだった。おおぜいの民衆はなによりもまず、つねに演説の力のみが土台となっている。そして偉大な運動はすべて大衆運動であり、人間的情熱と精神的感受性の火山の爆発であり、困窮の残忍な女神によって扇動されたか、大衆のもとに投げこまれたことばの放火用たいまつによってかきたてられたからであり、美を論ずる文士やサロンの英雄のレモン水のような心情吐露によってではないのである。（前掲『わが闘争（上）』）

「ことばの放火用たいまつ」によって民衆の力を結集させ、自らの理想へと導こうとしたヒトラーは、方向さえ間違わなければ偉大で立派なリーダーとなり得たでしょう。ただ実際には、ヒトラーの演説は「悪の演説」として歴史に残ることになります。

キケロは論理の力をリーダーが所有するリスクについてこう述べています。

この弁論の力は、大きければ大きいほど、なおさら人格の立派さと賢明さに結びついていなければならない。そうした徳を欠いた者に弁論の豊かな能力を授けたりすれば、けっして弁論家を創り出すことにはならず、それこそ狂人に刃物を与えることになってしまう。（前掲『弁論家について・下』）

自分の主張を通したいからと言って、前提を誤ってはいけません。聞き手に正しい根拠がないことを見抜かれてしまえば、たとえ〈人徳〉が伝わっていても、〈共感〉が得られていても、それさえ一瞬にして失ってしまいます。

そのため、リーダーとして、自分のスピーチが、誰もが納得できる〈論理〉として組み立てられているか、その正当性や公平性を常に確認することは非常に大切です。

それを知ると今までの話し方を振り返り、背筋がピンと伸びる気がしたかもしれません。「誰にとっても正しいと信じられること」を前提にした話し方は、話す時だけでなく、物事を判断したり、情報を整理したりするときにも役立ちます。

また、話の論理による説得にどのようなテクニックが用いられるのかということを知っておけば、詭弁を聞き分ける耳をもち、自分に都合の良い危険なスピーチを繰り広げる相手に振り回されないようにもできます。


コミュニケーションやスピーチで役立つ代表的な論理展開のテクニックについて、実例を交えてご紹介します。

論理的であれば公平でいられる

ビジネススキルの中でも、ロジカル・シンキングの技術が脚光を浴びてきたように、仕事をする上で論理的に考えることには多くのメリットがあります。

ロジカルである事は思考法にとどまらず、考えることと表裏一体である話し方においても必須です。論理的に情報を整理できていれば、端的にわかりやすく、伝えたいことを効果的に伝えることができます。

それだけでなく、論理的であることには、「公平さが保たれること」という別のメリットもあるのではないかと私は思っています。

例えば、部下のA君の営業成績が低いことを指摘しなければならない時に、

「君、先月の営業成績は何だ？　目標に30％も足りてないじゃないか」

というところから始まり、さらには、

「最近、たるんでいるんじゃないか」
「やる気がないんだろう」

というような話し方をするリーダーは珍しくありません。

しかし、「たるんでいる」とか「やる気がない」というこの判断は、具体的な根拠がありません。論拠がない論理展開は「誰もが納得のいく論理」とは言えず、上司自身の主観

のようにも見えます。

営業成績が悪い原因のすべてが「たるんでいること」にあるのかという点や、そもそも部下が本当に「やる気がない」かどうかの証明がなされていません。このような、リーダーの主観に左右される評価では公平さは保たれないでしょう。

では、どうすれば真実が見えるのでしょうか？

例えば、日々の部下の変化に気づいた時にアドバイスをするような際にも、ロジカル・シンキングの手法を用います。

部下の状況を評価する要素を表にし、点数をつけて総合的に分析するとどうでしょうか。営業成績だけでなく、プライベート、勤務態度、遅刻欠勤、パフォーマンス、モチベーションなど、部下のその時の状況を項目ごとに評価するのです。数字などを基に正確な評価ができる項目や他の社員へのヒアリング、あなた自身が気付いたことなどを入れても構いません。これは人事考課ではないので、あくまで、あなたが部下を客観的に捉えるための表づくりと考えてください。

評価自体は◯×△などの簡単なもので構いませんし、気が付いたことを書き込んでおく

のも良いでしょう

そのような表を作ってみると、確かに営業成績は悪いものの、実は悪いところよりも良いところが多い、しかも、勤務態度、人柄、モチベーションといったヒューマンスキルも高い優良社員であるという、Ａ君の真実の姿が浮かび上がってきます。これを見れば、モチベーションが高いのに、「やる気がない」などと叱るのは客観性に欠けていることに気づくでしょう。いいところがたくさんあることがわかれば、たとえ改善点の指導をするにしても、違う伝え方になるはずです。

さらには、他の能力が高いのに、営業成績だけが低いとすれば、営業の専門的なスキルを教わっていない、環境が悪いなど管理者側の問題である可能性も出てきます。

客観的に事実を分析できれば、問題をより合理的に解決することができます。

このように、論理的に情報を整理すれば、間違った主観を混ぜ込むことを防ぎ、きちんと論旨の通った考え方、話し方ができるようになります。そしてさらには、誰に対しても公平な姿勢でいることもできます。

また、公平な視点から導き出された論理は、誰もが正しいと信じ、異論をはさむことができない強い論理でもあります。

ロジカル・スピーチのフロー

1　結論を伝える

▼

2　その結論の論拠である理由を話す

▼

3　理由を詳細に説明する

とっさのスピーチに強くなる話のフレーム

リーダーという立場になると、あらゆる場面で必ずふられる「ひと言話す役回り」をあなたは憂鬱に感じているかもしれません。

けれど、論理的に話をまとめるテクニックさえ身につけておけば、とっさにふられたスピーチにも、余裕をもって対応できるようになります。

誰でも要素を当てはめるだけで論理的に話すことができるフレームの中でも、シンプルで、とっさの場面で気持ちが焦っている時でも使える方法をご紹介しましょう。

ビジネスシーンではよく使われる、結論、理由、詳細の三段階で伝える方法です。

KEE'Sではロジカル・シンキングの考え方を話すことに応用させたメソッドをロジカル・スピーチと呼んでいます。

結論・理由・詳細の三段階で話すフレームはロジカル・スピーチの中で最もスタンダードなフローです。

三段階で伝えるフローは、実は、結婚式のスピーチ、忘年会や新年会での「ひと言」などのフリートークでも使えます。

まだまだ〝ロジカル〟と言えば、事務的で冷たいというイメージがあるので、そんな場面にまでロジカルさが必要なのかと、意外に感じられるかもしれません。

でも、どんなにカジュアルなシーンでも、夫婦の会話などプライベートの場面であっても、言いたいことを論理的に組み立てるということは、伝えたい内容を誤解なく伝えるために欠かせません。

もちろん、論理的でありつつも、〈人徳（エトス）〉や〈共感（パトス）〉を伝える要素も追加して、事務的で冷たいという印象を持たれないように話す必要はあります。

まずは、最もシンプルなロジカル・スピーチのフレームを使って、ロジカルにスピーチする練習をしてみましょう。

会社の新年会の席で、あなたに「ひと言」が回ってきたとします。

まず考えるべきは、あなたがスピーカーとして、新たな年を迎えるにあたって部下に伝えたいメッセージとは何か？　ということです。

新しい年が、会社にとって追い風となるような経済や業界の状況であれば、ポジティブに挑戦していくことの意義を伝え、部下の気持ちを盛り立てるのも良いでしょうし、その反対に、会社にとって厳しい年になりそうだったら、困難を乗り越え成長する意義を伝えるのも良いと思います。

要は、何を伝えたいかという〝結論〟です。

そして、次にその結論を裏付ける理由を伝えます。つまり、なぜそう思ったかを話すのです。

「挑戦することに意義がある」という結論に対する理由は「今年は会社にとって追い風となる要素が多い」ということですし、「困難に耐えることは意義がある」という結論に対する理由は、「今年は会社にとって厳しい状況が続きそう」という理由になります。

ここに、理由をさらに詳しく話す〝詳細〟を付け加えれば三段階で展開するスピーチになります。

P.150のロジカル・スピーチのフレームには、一つの結論に対し理由を書き込むボックスが一つしかありませんが、一つの結論に対し、2〜3の理由をつければ、より結論の正しさを裏付けることができます。

もし、理由を2つ以上話したい場合は、主観的な事柄と、客観的な事柄を両方入れることをお勧めします。

主観的な事柄というのは、自分の経験談などのエピソードや意見などです。それに対し客観的な事柄とは、ニュースや学識など一般的な事実です。

「自分はこうだから」という主観的な事柄だけを理由とするより、それを正当化する、共通点のある客観的な理由を併せて伝えた方が説得力が増します。

この後、詳しくお話ししますが、客観的な事柄として引用できるものの中で効果的なものは、歴史的事実や過去の出来事、格言、たとえ話などです。

どれも、あなたの経験や意見ではなく、ほかの誰かの経験や言葉です。

例えば、同じように苦境を乗り越えた他の会社の話や、「勝って兜の緒を締めよと言われますが……」のような格言の引用、共通点のある歴史的な出来事などは客観的な事柄となり得ます。

このように、主観であるあなたの意見を正当化するために、客観的な事実をセットで伝えると、より説得力のあるスピーチになります。

とっさのスピーチをふられた時には、三段階で伝えるスピーチのフローに当てはめて話すクセをつければ、何から話せばよいかと焦ることはありませんし、あなたの伝えたいことが端的にわかりやすく伝えられるはずです。

実践トレーニング10 ロジカルに1分で話す

部署内の新年会で、「ひと言」が回ってきました。1分間で、その場に相応しいスピーチをしてみましょう。

発想のヒント

・新年会で伝えたい結論、伝えたい理由、それを詳しく説明する要素を考えましょう。
（理由は一つでも2～3あっても構いません）

・結論→理由→詳細という三段階の流れで話してみましょう。

WHYを語る

語るべきはスピーカーとしての使命WHY

もしも、あなたが大事なスピーチを任され、壇上に上がって頭が真っ白になったとしたら……。

内容を熟考してしっかり準備したのに、緊張のあまり何を話すのか忘れてしまったら……。

あなたはどう対処するでしょうか？

そんなとき、たったひと言だけでもと……と、声を振り絞って伝えるひと言。

それがあなたにとって「最も伝えたいメッセージ」です。

あなたは、スピーチをする時、この最も伝えたいメッセージを言語化して準備しているでしょうか？

メッセージは、絶句してしまったり、言うことを忘れてしまった場面であなたを救う命綱であるだけでなく、あなたがスピーカーとして選ばれ、演壇で話す理由WHYなのです。

スピーチを行う際、「誰のために、何のために自分は話すのか」という使命、WHYを明確に、言語化して準備しなければいけません。

言語化するというのは、「ひと言で伝えられるように言葉にする」という意味です。

演壇で頭が真っ白になってしまった時の例で言うと、「緊張で準備してきた内容が飛んでしまったのですが、私がこの場で、みなさんに伝えなければいけなかったことは……」の後に続くひと言です。

WHYという軸がないと、どんなに面白いエピソードや一般論を盛り込んだスピーチでも、「話は面白かったけど、結局何が言いたかったのだろう？」と思われてしまい、スピーカーの意図が伝わらないスピーチになります。

要するに、何のためにスピーチするのか本人もわかっていないため、その使命が全うされていないのです。

表面的には上手に見えるスピーチとは、このWHYが欠けていて、場慣れしているだけで、何となくその場をやり過ごすスピーチです。

リーダーは、スピーチの場が多いので、しっかり準備する時間もなく、どうしてもこのようなスピーチに陥りがちです。

それを防ぐために、何か面白い出来事などがあり、誰かに伝えたいなあと思った時、何のために、その話を伝えるのか？　というWHYまで考えてみてほしいのです。

よく、面白いネタを話せば何とかなると思っている人がいますが、話のネタというのはあくまであなたのメッセージを伝えるための材料でしかありません。

ネタ自体がすべて、ということになってしまうと、ただの面白い話というところで終わってしまい、あなたの意図までは伝えることができません。それでは限りなく雑談に近いスピーチになってしまいます。

私はスピーチをよく、串団子にたとえます。

3つくらいの美味しそうな団子が串にささった串団子をイメージしてください。

あなたの意見（結論）や話のネタ（エピソードや一般論）は団子、そして団子を貫くのは、WHYという串です。

串団子の串がそうであるように、WHYは話のネタを終始貫いています。串は大きな存在感があるわけではなく団子の下に隠れてしまっていますが、その串がなければ団子はバラバラになってしまいます。それと同じように、WHYがないスピーチでは、エピソードも一般論もバラバラに転がってしまうのです。

毎年夏に放送される日本テレビの『24時間テレビ』は、文字通り24時間を通じてさまざまなコーナーが繰り広げられますが、そこには必ずテーマがあります。

例えば、歴代のテーマを見ると〝絆〟〝愛〟〝未来〟〝力〟〝ありがとう〟〝生きる〟などがあります。

毎年、日本中の人の心を一つにするテーマが決められ、そのテーマを伝えるために、ドラマやマラソンやドキュメンタリー、その他の企画が24時間放送されます。

最初は何気なく見始めたとしても、見ている間に心が温かくなり、最後のシーンでは目頭が熱くなってしまった、という経験はあなたにもあるのではないでしょうか？

それは、その年のテーマが24時間かけて視聴者の心に届き、刷り込まれていくからです。

スピーチに置き換えると、絆、愛、未来といったものが24時間を通してその年ごとに伝えたい結論であり、結論を伝えるための話の柱が、ドラマやマラソンといった要素なのです。

串団子に置き換えると、毎年のテーマやドラマやマラソンといった番組を構成する要素が、見えている部分、つまり団子ということになります。

では、見えない部分、つまり串にあたるWHYとは何でしょうか。

それは、番組の使命です。

つまり、1978年の番組開始以来、一貫して掲げている「愛は地球を救う」というメッセージを伝える使命が、この番組のWHYであり、『24時間テレビ』は、この使命をもって、毎年のテーマを決め、番組を構成しているのです。

スピーチも、伝える使命WHYを先に明確にし、そのために伝えるべき結論や要素を考え、構成していくと、一本筋の通ったものが完成します。

大ヒットした『となりのトトロ』という映画の企画書には、宮崎駿監督のこのようなコメントが書かれています。

忘れていたもの
気づかなかったもの
なくしてしまったと思い込んでいたもの
でも、それは今もあるのだと信じて、「となりのトトロ」を提案します。(「出発点1979~1996」宮崎駿著　徳間書店」

これこそが、宮崎監督がなぜ『となりのトトロ』を作ったのか、つまりWHYです。自分が「信じて」いることを、この映画を観る人に信じてほしいからこそ、宮崎監督は『となりのトトロ』を作ったのではないでしょうか。

宮崎監督のWHYは、作品の中で直接語られることはありません。けれども、子どもにしか見えない神様や里山の風景、森や池、昔からある大きな樹、子どもの頃目に見えないものを信じていた純粋な気持ち、さらには親が子を想う気持ち、子どもが親を慕う気持ちなど、作品を構成するすべての要素にそのWHYが貫かれていているのです。

スピーチを貫くメッセージを明確にする

WHYを明確にしたことで、スピーチで聞き手を牽引することに成功した、40代の会社社長の例を紹介しましょう。

その方は、ある業界の団体の代表に就任することになり、就任式での挨拶に備えて、KEE'Sのエグゼクティブスピーチレッスンを受けに来てくださいました。

まず、ご自分で考えられた挨拶をしていただいたのですが、率直に言ってそれは、思いが伝わらない〝建前スピーチ〟でした。

前任の会長への感謝や、参加者への挨拶、団体の会長に推薦されたいきさつ、これまでの団体との関わりなどで構成され、「これから業界をより一層盛り立てていきますのでよろしくお願い致します」という定番の決意表明で終わっていたのです。

体格や姿勢も良い上に声も大きく話し方も上手な方だったので、〝上手なスピーチ〟であるかのようにも聞こえますし、周囲から、「スピーチが上手だと評価を受けることも多い」というのもうなずけます。

けれども、エグゼクティブスピーチとしてはやはり物足りません。このスピーチからは社長のWHYが伝わってこないのです。

そこでレッスンではまず、以下のような具体的な質問を重ね、社長のWHYを引き出すことから始めました。

「今、団体の代表に決まって、正直な気持ちはどうですか?」
「その大役を担おうと思ったのはどうしてですか?」
「今の業界、これから先の業界の動向をどう考えますか?」
「その中で、どんな風に業界を盛り立てますか?」

そうすると、次第に次のような社長の〝真意〟が見えてきました。

「変化していくＩＴ業界に20年ほど携わってきて、自分の会社はなんとか生き残ってきた会社の一つ。自分が見回してみても、そういう会社は2、3社しかない。この先もＩＴ業界全体の将来は流動的で、そんな中で代表に就任するのは正直とても不安だ。でも、その変化に対応していくような団体を作れるのは、変化の中を生き残ってきた自分だからできると信じている」

これこそ、この社長が団体の代表を引き受けたWHYです。

だとすれば、このWHYを貫きながら、新代表としての決意や思い、葛藤、周囲の環境、これからの情勢、やるべきことや策を、言語化して伝えるようなスピーチを構成するべきなのです。

「5年後、来年でさえ不確かな経済状況の中、変化に強い業界を作りたい」

これが、社長が伝えたいメッセージとなりました。

このメッセージを結論として冒頭に起き、それを軸に組み立てた就任式でのスピーチは、参加者から大絶賛されました。スピーカーとして、団体の代表としての使命、つまり

WHYを明確にし、その使命に立ったメッセージを伝えられたからこそ、参加者の心に響くスピーチとなったのです。

話し手の使命WHYが明確になり、伝えるべきメッセージさえ固まれば、極端な話、あとは絶句してしまったとしても、スピーカーとしての使命は果たせます。WHYとメッセージはそれくらい重要なものなのです。

聞き手が「何を言いたいのかわからない」という印象を抱くスピーチは、話す順序や構成に問題がある場合もありますが、WHYを明確にしていなかったり、結論が明確に言語化されていないため、「話の意味はわかるが、意図が伝わらない」ということがほとんどです。

もちろん、その人にWHYがないというわけではありません。

何のために自分はスピーチするのかというWHYをぼんやりとしか捉えていないせいで、伝えるべきメッセージも今一つ弱くなってしまうのです。

それをずっと続けていると、自分自身も何のためにスピーチするのかということや、何を伝えたいのかといったことが詰め切れなくなり、その結果、聞き手にも伝わらないスピーチを続けてしまいます。私はそういう人をこれまでたくさん見てきました。

少なくともリーダーと呼ばれる人であれば、スピーカーとして登壇する使命はもちろんのこと、心の中には伝えたいメッセージだって存在しているはずです。

話す前には、スピーカーとして自分が演台に立つ使命をしっかりと明確にし、その使命を果たすために聞き手に伝えなければいけないメッセージを一言で言語化する習慣を付けましょう。

スピーチを構成しようとする場合、あれを話したい、これを話そうと、話のネタばかりに意識が向きがちです。

でも本来、その前に明確にすべきなのは「なぜあなたは話すのか」という使命＝WHYなのです。

WHYで訴求すれば、聞き手の心を動かせる

WHYを利用すれば、部下を目標に向かわせたり、顧客に進んで物を買ってもらうなど、聞き手の心を動かすことができます。

この時のWHYは、聞き手にとってのWHYです。

「なぜそれをやらねばならないのか」つまり、聞き手に使命感を抱かせることで、聞き手自らがWHYで示されたゴールを目指すことを促すことができます。

「WHY（なぜ）→HOW（どうやって）→WHAT（何を）の順で伝えると、相手の行動を促すことができる」

これは、2009年にマーケティングコンサルタントのサイモン・シネック氏が「TED Talks」で語って、有名になった「ゴールデンサークル理論」です。

シネック氏は、人を動かすのはWHATやHOWではなく実はWHYであるにもかかわらず、多くのリーダーたちは、WHATとHOWばかりを伝えて、本来もっとも重要なWHYを伝えていないと指摘しました。

そして、Appleが革新的である理由、そして、熱狂的なファンを獲得している理由は、WHYを伝えることを徹底しているからだと語っているのです。

確かに、2019年6月から放送されたApple Watch Series 4の「腕に導かれて」と題された日本独自CMでは、腕に巻いたカッコいいApple Watchによって、健康的な行動に導かれていく女性の様子が描かれていました。

そして、最後にはこんなキャッチコピーが映し出されていました。

郵便はがき

おそれいりますが切手をおはりください。

102-8519

〈受取人〉

東京都千代田区麹町4-2-6 9F

株式会社 ポプラ社

一般書編集部 行

お名前 （フリガナ）

ご住所 〒

TEL

e-mail

ご記入日　　年　月　日

「新しい健康習慣をここから」

このＣＭのストーリーにも、そしてキャッチコピーにも、Apple Watch の性能や優位性などをアピールする要素は一つもありません。

けれども、このＣＭは、カッコいい Apple Watch をつけて、ＣＭのキャラクターのように自然と体が動きだす自分、つまり、「新しい健康習慣を始める自分」を想像させます。爽やかに吹いてくる風さえイメージできるかもしれません。

これが、聞き手の心の中で、Apple Watch を買う WHY になります。

この WHY に導かれ、聞き手は Apple Watch を買うという行動を自ら起こすのでしょう。

また、シネック氏によると、ゴールデンサークルは、人の脳の主要な部分の構造と見事に対応しており、聞き手を動かす WHY に対応するのは、感情、信頼、忠誠心などを司る部位なのだそうです。

ここで注目したいのは、「その部位から直感的な決定が生まれるものの、言葉は扱うことができない」という点です。

つまり、WHY とは、基本的には「感じさせるもの」であり、言葉で語る場合には、ごく短いフレーズに限られると考えると良いでしょう。

長々と語ってしまうと、直感的に捉えられるはずのWHYの効果が薄れてしまう場合があります。

言葉を短くする場合、その選び方が非常に大きな鍵になります。

「Apple Watchをつければ習慣的に運動ができます」

これでも言っていることは同じです。けれども、あのCMによって喚起されたような「自然に導かれるように、心地よい風に後押しされて颯爽と走っている自分」のイメージは湧いてきません。

さらに言えば、「健康的な生活を習慣にしましょう」ではなく、「健康習慣をここから」で締めているのも、このフレーズが人を心地よくモチベートする理由ではないかと私は感じます。

ここまでこの本で読んでくださったあなたにはもうおわかりでしょうが、「〜しましょう」とは言わないこのフレーズによって、話し手の〝要求〟を排除し、聞き手にとってのWHYを自ら感じさせることを徹底しているのです。

このテクニックは、営業トークにも使えます。

製品紹介やその使用方法、価格などは、ゴールデンサークルにおける、WHATやHOWです。これをどんなに詳細に語っても、WHYがなければ、人を動かすことはできません。相手を買う気にさせるには、直感的に欲しいと思わせる要素、WHYを感じさせることが大事なのです。

営業する側の視点から語るWHATやHOWではなく、お客様にとってなぜこの商品が必要なのか？　という顧客側のWHYを考えるのです。

この商品を手に入れることで、何を解決し、どうなりたいのか。
この商品を手に入れれば、どんな良いことがあるのか。
この商品がもたらすメリット、またデメリットは何なのか。

自分が営業される側にいれば、おそらくこんな視点で商品説明を聞くはずです。

それなのに、営業担当者が自分が欲しい答えをくれず、WHATやHOWから話し始めたとしたら、少々まどろっこしく感じませんか。

先に、自分が抱いているWHYの部分をクリアにしてから、WHATやHOWを話してくれるほうが、商品に関する情報にきちんと耳を傾ける気になりやすく、購入意欲も高まるはずです。

営業トークの研修をすると、最初からパンフレットを拡げ、商品説明をしてしまう人がほとんどです。

お客様の課題や悩みを聞いたとしても、それを淡々とPCに情報として打ち込むだけで、お客様を安心させるような明確な返答（つまりWHY）を返すことができる人はほぼいません。

一方、優秀な営業パーソンは、お客様のニーズを心のレベルまで分析し、共感したり、納得させたり、相手の欲しい言葉を効果的にかけたりすることができます。そのうえで、「大丈夫です。あなたのお悩みを我々は解決できますよ」と暗示されると、お客様の心には、商品を買う意味、つまりWHYが生まれるのです。

あなたも自社のサービスや商品について、お客様に説明した経験があるのではないでしようか?

ここで改めて、お客様にとってのWHYとは何かを分析してみましょう。

実践トレーニング11 自社商品を〝WHY〟で訴求する

自社の商品(サービス)について、聞き手がその商品を購入しなければならない理由〝WHY〟を感じるように、30秒で紹介してください。

発想のヒント

- あなたの会社の商品を手に取るべきお客様は、どのような悩みを持っているのでしょうか。
- その商品を手に取って、お客様はどのようになりたいのでしょうか。
- その商品が、お客様にもたらすメリット、またデメリットは何なのでしょうか。

部下を牽引するリーダーの話し方とは

リーダーであれば、部下の心を一つにまとめ、目標に向かって方向性を同じくし、進んでいかなければならないシチュエーションがあるはずです。

そんな時、部下を牽引するWHYは、リーダースピーチにおいて欠かせない要素です。

話し手の要求を感じさせる「〜しましょう」や「〜しなさい」では、聞き手をモチベートできないというお話をしましたが、実は、そこにはもう一つ理由があります。

「〜しましょう」「〜しなさい」というのは、結局のところWHATやHOWなのです。

その先にあるWHYを語らなければ、人は動きません。

私のレッスンを受けてくださっているある社長は、朝礼のスピーチで「お客様と一生お付き合いするつもりで向き合う」というメッセージを部下に発信したいと考えていました。

営業社員、特に若い世代の社員は、商品を売ることには積極的なのに、お客様の課題やニーズへの対応が二の次になっていることを危惧していたからです。

社長としては、「お客様の悩みに真正面から向き合い、自分のビジネス人生を共に歩む思いでお付き合いをしてほしい」と思っていて、それを部下に伝えたいというのです。

「社員に何かをさせたい時のスピーチにおいて『〜しましょう』は禁止です」とお話しす

ると、「じゃあ、どう伝えればいいのか」とその社長は頭を抱えてしまいました。

さあ、このシチュエーションで考えるべきことは何か。

もうあなたはおわかりでしょう。

そうWHY、つまり聞き手に使命感を抱かせる要素です。

困惑気味の社長に「お客様と長いお付き合いをする姿勢を徹底することで、社員にどんな良いことが起こるのですか」とたずねると、こんな答えが返ってきました。

「うちのサービスは、いったんプロジェクトが進み始めると、トラブルが起こらない限り、顧客と連絡を取らない形態なんです。だから、最初は良い関係を築けたと思っていたお客様と徐々に疎遠になってしまう。それでも自分の若い頃は、お客様が何か困っていないか、新たな課題が生じていないか、と常に気になっていて、何もなくても定期的にコミュニケーションを取っていました。すると、自分の数字が悪かったり、会社の経営が停滞している時にでも、そういったお客様が助けてくださいました。今だからわかることかもしれませんが、お客様のために力を尽くすことは、結果として自分のためにもなるんです」

「お客様のために力を尽くすことが結果として自分のためになる」というのは、「お客様と一生のお付き合いをする」ことのWHYとして成立しているように見えます。そういう意味では、これをメッセージとして語ることで、部下は行動を起こすかもしれません。

ただ、人を動かすWHYとしては、もう一歩何かが足りないと感じた私は、さらにもう一つ質問したのです。

「では、なぜ社長は社員に『お客様と一生のお付き合いをする』と伝えなければいけないのですか？　スピーカーとしての使命は何でしょうか？」

社長がしばらく考え抜いて出した答えはこのようなものでした。

「お客様の仕事や生活を昨日より少し良くする。それが社会全体を良くすることだと信じているからです。自分たちができることは小さいことだけれど、私たちはそれに全力を尽くす必要があるのではないでしょうか」

そして、さっきまでの様子が嘘のように、ご自身の思いが言葉になって出てきました。

「自分たちが提供できる技術は、今は限られたお客様を満足させるに過ぎないかもしれません。でも、いつかは、その技術が日本中に広がり、世界に広がり、人々の生活はもっと豊かになると信じています。だからその第一歩として、仕事を任せてもらえたお客様に心から満足していただきたいのです」

これは社長にとって会社を経営する上での WHY です。

あなたが WHY に従えば、ほかの人はあなたに従う
（『インスパイア型リーダーはここが違う　WHY から始めよ！』
サイモン・シネック 著　栗木さつき 訳　日本経済新聞出版社）

これも、サイモン・シネック氏の言葉です。つまり、リーダーが、信念に至るまで深掘りした WHY を語れば、部下を惹きつけ、心を動かすことができるのです。

シネック氏はさらにこうも言っています。

論理的な WHAT は、WHY という感情の証拠となる。直感による決断を駆り立てた感情を

きちんと言葉で説明することができれば、自分のWHYを明確に述べることができれば、
あなたは周囲の人に決断にいたるまでの経緯をきちんと理解してもらえる。
（前掲『インスパイア型リーダーはここが違う　WHYから始めよ！』）

「売上を上げる」

「会社を大きくする」

「お客様に喜んでもらう」

「売上が安定し、社員の給与や待遇が良くなって、社員満足にもつながる」


あなたが心から仕事を通じて実現したいと信じられること。

それは信念であると言えるでしょう。

そしてその信念を、WHATやHOWのみにとどまらず、WHYにまで掘り下げて伝えなければ、あなたが成し遂げたいことは伝わりません。

例えば「売上を上げる」は、あなたが「昇進して給与を上げ、いまより豊かな生活を送るため」のHOWであったり、「良い給与や待遇」は、「家族を幸せにするため」のWHATであったりします。

大事なのは、あなたにとって仕事をする理由であるWHYを見つけ出すことです。

そして仕事に関する信念、つまりWHYはあなたの、人生を通じて大切にしている価値観とリンクしていることに気がつくでしょう。

さて、あなたが仕事をする、WHYとは何でしょうか。

結論の正しさを証明する

人を説得するには「正しさを証明できるスキル」が必要

聞き手を説得するには、正しい前提に立ち、誰もが納得できる論理を組み立てなければならないことはすでにお話ししました。

しかし、普遍的に正しいといえる前提ではなく、自らにとっての正義を掲げ、聞き手を強引に自分の都合の良い結論に導いていこうとするリーダーというのは、残念ながら珍しくありません。

そのような危険なスピーチで、自分の思うように人を操れたとしても、それは権力や他の作用によるものであるに過ぎません。魔法が解けた瞬間に、あっという間に形勢逆転されてしまうのは、先にお話しした通りです。

反対に、リーダーとして、普遍的な正義に基づいた思考方法、話し方を常に心がけてさえいれば、たとえ時間や労力がかかったとしても、あなたの人徳は、永遠に聞き手の心に刻まれ、失われることはありません。リーダーの座を退いてもなお人々に慕われ続ける人は、そのように語り続けてきた人なのでしょう。

では、どうすれば「誰にとっても正しい」話し方ができるのでしょうか？

それにはまず〝正しさ〟を証明するスキルが必要になります。

ここでは、人を説得する際に用いられる、２つの論法についてご紹介しましょう。

帰納法を使って説得する～事例を挙げて証明する～

もしあなたが、「犬は吠える」ということを、犬を見たことがない人に証明しようとすると、どのような方法で証明するでしょうか？

おそらく、犬のいるところに行って、犬が吠えるところを見せるでしょう。

もしもその時、吠える犬を１匹しか見せなかったとしたら、犬が吠えることを納得してもらえないかもしれません。

なぜなら、「この犬が、たまたま吠える種類の犬なだけかもしれない」と考えることもできるからです。

でも、ほかの犬のところに行って吠えるところを見せ、さらに別の犬が吠えるのを見せ、と、何匹か吠えるところを見せたあとなら、

「ほら、どの犬も吠えるだろう。犬は吠えるんだ」

と犬が吠えると知らなかった人に証明できるはずです。

このように、多くの観察や経験を通して、正しいと思われる原理にたどり着くような考え方を帰納法と呼びます。

ただし、5匹までは吠えたのに、6匹目が何をしても吠えないという可能性もあります。6匹目も吠えたとしても、一度も吠えたことのない犬が世界中のどこかにいる可能性もあります。

吠えない犬がいるという可能性がある限り、「犬は吠える」というのが、完全に正しいとは言い切れないのも事実です。

とは言え、犬が吠えるという事実は、多くの人が正しいと信じる、一般的な常識であると言ってよいでしょう。

まとめると、帰納法は、

帰納法とは…

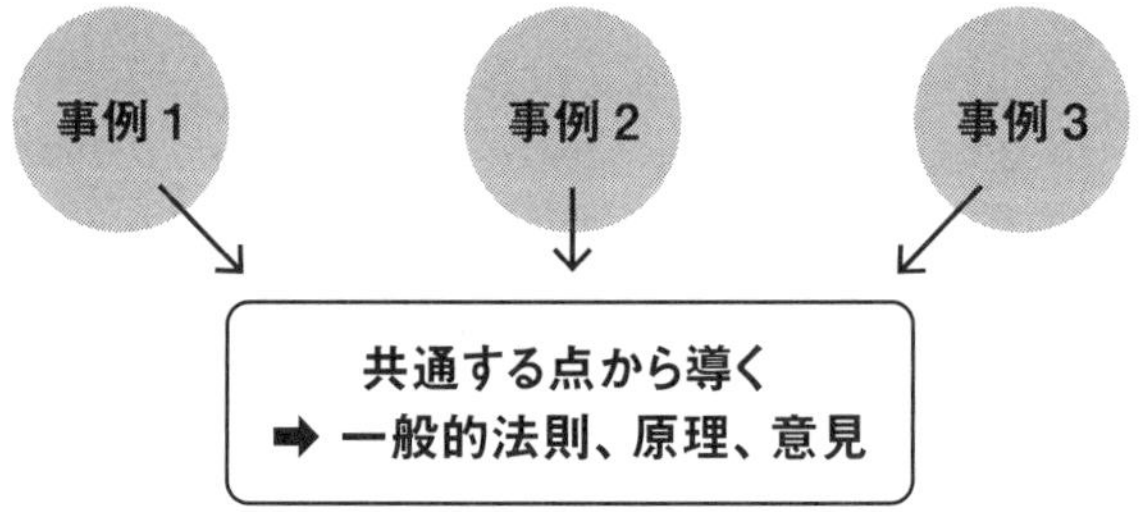

「いくつかの事例を基に一般的な法則や原理を導き出す思考法」で、図にすると上のようになります

帰納法は、ソクラテスの考え方をベースにアリストテレスが完成させ、17世紀の哲学者、フランシス・ベーコンらが発展させてきたと言われています。

多くの実験や観測から真理を導き出すという実証的、経験的な推論の展開法です。

帰納法を説明するのによく挙げられるのが以下のような例です。

アリストテレスは死んだ。(事例1)
ヒトラーも死んだ。(事例2)
チャップリンも死んだ。(事例3)

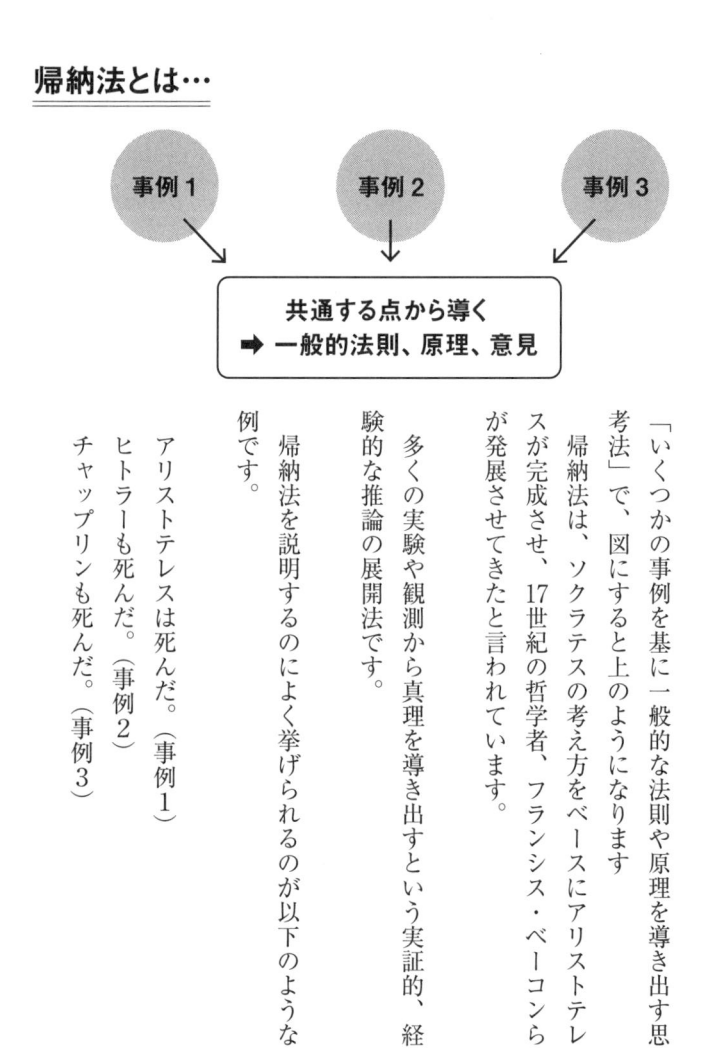

だから人間は死ぬ。（結論）

どこかで聞いたことがあるのではないでしょうか？

少々哲学じみた例なので、あまりピンとこないかもしれませんが、要は、1、2、3の事例を根拠として、結論を導き出しているのです。

もう少し身近な例を挙げてみましょう。

・食べる量は増えていないのに体重が増加した。（事例1）
・おなか周りに肉がついてきたように思う。（事例2）
・運動してもなかなか痩せなくなった。（事例3）

↓中年になると太りやすくなる。（結論）

このように、身近なことを証明する時も、事例を挙げ、その共通点から〝一般的な法則〟や〝原理〟を導くことができます。

ここで、P.150でご紹介したロジカル・スピーチのフレームを思い出してみましょう。

そこでは、結論→理由→詳細の順に話すと、誰でもロジカルに話せるとお話ししました。帰納法の図は、その逆になっていると気が付きましたか。

つまり、

理由&詳細→結論

となっているのが帰納法の特徴です。

結論から展開するトップダウン形式とは違い、帰納法は理由から結論を導くボトムアップ形式です。

なぜボトムアップかというと、帰納法は、一般的な法則や原理がわかっていなくとも、ある推論を仮説として立て、事例を挙げていくことで仮説の正しさを証明するものだからです。

つまり、帰納法とは、結論が最初にわかっていなくても、似たような事例を集めていくことで結論を正当化することができる、とても便利な推論の展開法なのです。

ただし、なんでもかんでも例を挙げて結論を出せば、その正しさが証明できるわけではありません。

帰納的論理展開にはルールがあります。

それは、一般的に多くの人が常識であると考える事実に基づいて展開されるということです。

先の犬の例で言うと、吠えない犬がいる可能性があるものの、「犬は吠える」という事実は多くの人が正しいと信じる一般的法則や原理に当てはまります。

では、「幽霊は存在するのではないか?」という仮説に基づいて帰納的に考えてみるとどうでしょうか?

例えば、事例として挙げられるのは次のような要素です。

・むかし祖父が戦争に行っていた頃、駐屯先の島で幽霊を見たと言っていた。
・幽霊の声が聞こえるという友人がいる。
・幽霊は最近、科学者の間でもその存在が注目されている。

↓幽霊は存在すると思う。

このような論理展開は実際にはよくあります。しかし、論拠となっているいくつかの例に、正しいと言えるほどの信頼性がありません。

また、事例に出てくる祖父や友人といった証言者にも、会ったことがなかったり、その人物に対する信頼がなければ、証言をにわかには信じられません。

そして何よりこの手の論法が説得力に欠けるのは、科学的には「幽霊は存在しない」というのが一般的な常識だからです。

科学の分野において、数々の実験から一般的法則、原理を導くために帰納法を活用するような場合、事実である実験結果を基に導かれた結論はおおむね正しいといえます。

でも、話す時や文章を書く時に帰納法を使う場合は、科学実験のように、正しい論拠を用いて、明確に仮説を証明できることばかりではありません。

現に、実際には常識とは言い切れない結論であっても、いくつかの例を基に自分の意見としてまとめてしまうことは多々あります。

あなたにも経験があるのではないでしょうか？

アリストテレスは著書の中でこのように述べています。

教養人は一般的で普遍性のある話題を並べるが、後者は勝手知ったる実例をもとに卑近なことを語るからである。したがって議論の拠り所とすべきは、通念であれば何でもよいというわけではなく、ある限られた集団、たとえば裁き手にとって、ないしは彼らが一目置くような人々にとっての定見となる。さらには、それがはっきり妥当なものだということを、万人に、もしくは大多数にとって明らかな状態にする。また結論の導出にあたっては、「必ず生じること」ばかりでなく、「多くの場合に生じること」にも根拠を求めなくてはいけない。（「弁論術」第2巻 第22章／前掲「アリストテレス全集18」）

アリストテレスは一般的な法則や原理ばかりが人を説得する要素であるわけではなく、経験的に納得できる身近な例も、人を説得する要素になり得ると言っています。

そして、見解を求める対象は、誰でも良いわけではなく、聞き手にとって信頼できる人、証言者として認められている人でなければならず、その見解は、大多数の人もそう思っているものでなければならない、ということです。

言い換えれば、普遍的な法則、原理に基づいていなくても、私たちは、信頼している人がおおむね常識的に信じられることを話せば、説得されてしまうということでもあります。

もし、あなたが聞き手に十分に信頼されてさえいれば、いくつかの例を用いて、自分の意見を帰納的に展開することで、相手を説得することができるでしょう。

ただし、その際は、仮説、論拠が聞き手にとっておおむね正しいとされる常識に基づいて行うことを忘れないでください。

帰納法で話す際のフレーム

帰納法的な論理の展開をビジネスで使う練習をしてみましょう。

あなたは、ある部署を統括する部長です。

日ごろから、最近の20代の社員にやる気がないことをなんとかできないかと考えています。

そこで、「自社の20代の社員は、仕事への意欲が低い」という自分の考えを他部署の部長に伝え、対策を考えたいと思います。

以下の事例を使って、誰にでも納得できる結論となるよう、帰納的に事例を使って考えてみると……。

1）
・20代社員の会議での発言率が、今の30代が20代だった頃に比べて30％少ない。（事例

・社内コンペの企画提出率は、20代は、今の30代が20代だった頃に比べて15％低い。（事例2）

・社内で、新規事業のプロジェクトリーダーを募ったところ、30代が5名なのに対し20代は誰もいなかった。（事例3）

以上の事から、当社の20代社員は、30代社員より主体的に仕事をする傾向が低く、対策が必要と考える。（結論＝あなたの意見）

もちろん、この結論は、あくまで事実に基づいた話し手の推論であって、全ての20代がそうであるというような一般的法則とは言えません。

そこで、ビジネスの場では、主観と客観を分けるために、結論として述べる際に「私の意見では……」と付け加えることにしましょう。

では、次にフレームに当てはめてみましょう。

先ほどお話ししたように、帰納法は理由→結論で展開する思考法ですが、話す時は結論→理由（事例）の順が伝わりやすいでしょう。

まずは結論として「我が社の20代社員に主体的に仕事をしてもらう対策が必要」という

意見を述べます。次に「20代社員の会議での発言率は30代が20代だった頃のそれより、30%低く」、「20代社員の社内コンペの企画提出率は、30代が20代だった頃のそれより15%低いことがわかりました」、さらに、「社内で新規事業のプロジェクトリーダーを募ったところ……」と理由となる事例をすべて挙げます。

その上で、「20代の社員にもっと主体的に仕事をしてもらうために対策が必要と考えます」と再度結論付けます。

最初と最後の結論で事例を挟んだこの話し方を「結論のサンドイッチ」（P.190参照）と言います。

例証～説得力のある例の挙げ方（事実・比喩）

このように帰納法の考え方のもと、類似の例を挙げて説得する論法を〝例証〟と言います。

アリストテレスは、効果的な例証2種類を著書の中で紹介しています。

過去の事実による例証

一つは事実による例証です。

結論のサンドイッチ

結論	20代社員に主体的に仕事をしてもらうための対策が必要
▼	
事例	20代の発言率が少ない
事例	20代の社内コンペの企画提出率が低い
事例	プロジェクトリーダー希望者が20代では誰もいなかった
▼	
再度結論	20代社員に主体的に仕事をしてもらうための対策が必要

これは過去にあった事実や歴史的な事実を例として取り上げることで、類似の事象を証明する手法です。

アリストテレスが「弁論術」の中で用いた例を使って見ていきましょう（ここではわかりやすく内容を要約しています）。

ダレイオス王はエジプト侵略後、海を渡ってギリシアを侵略してきた。（事実1）

クセルクセス王もエジプトを手に入れるや否やギリシアを侵略してきた。（事実2）

ゆえに、今の王にもエジプト侵略を許してはいけない。（ギリシア侵略を許さないために）（結論）（「弁論術」第2巻 第20章／同前より要約）

というような方法です。

このような〝事実による例証〟はその材料である事象の質や数が相手を説得できるかどうかのカギを握ります。

例えば、あなたが誰かに「大リーガーになるには、9歳までに野球を始めなければならない」という持論を展開するとしましょう。

それにはまず、大リーガーとして活躍している選手が野球を始めた年齢の実例をいくつか挙げます。

田中将大選手　6歳（小学校1年生）
大谷翔平選手　8歳（小学校3年生）
ダルビッシュ有選手　7歳（小学校2年生）
前田健太選手　8歳（小学校3年生）

この事から共通点を導き出せば、

「多くの大リーガーが9歳までに野球を始めている。大リーガーになりたいなら、9歳までに野球を始めるべきだ」

と展開できます。

このように例証に事実を用いる場合は、できるだけ多くの例を挙げ、その共通点を見出したほうが真実に近くなります。

一方で仮に挙げる例がたった一つであっても、十分な根拠になり得る場合もあります。

例えば

レトリックは、古代ギリシアに始まり、現在まで2000年以上、絶えることなくヨーロッパに継承されてきた効果的な言語表現の技術であり、必須の教養と考えられていた歴史がある。（歴史的事実）

↓

人を説得する立場にあるリーダーにとって、話し方の技術は重要だ。（結論）

話し方という技術がリーダーに必要だということを納得させるための例として挙げているのは、レトリックの例、たった一つです。

でも、レトリックが2000年以上続いてきたことや、歴史的に重要なものとして扱われてきた事実から、一つの例であっても無条件に正しいと信じさせる効果があります。

このような歴史的な事実は、例証で用いる事例としてぜひ活用していただきたい要素です。

また、歴史的事実と同じく、歴史的な人物の格言を事例に挙げることも効果的です。

例えば、このように展開することができます。

歴史的弁論家のキケローは、『弁論家について』という本の中で、「弁論家の真骨頂が、人々の心をあるいは怒りへ、あるいは憎しみへ、あるいは義憤へと駆り立て、また、逆に、そうした激しい感情から穏和な感情や憐憫の感情へと引き戻すことにあることを知らない者など、まずいないだろう」と述べています。（歴史的な人物の格言）

↓

人の心を揺さぶり、人を動かす役割を担うリーダーは、話す技術によってそれを成し遂げるのです。（結論）

格言というのはもはや、その格言を残した個人の見解にとどまらず、長く多くの人々に受け継がれる間に、誰もが認める普遍的な前提となります。

つまり、キケローの言葉は絶対的に正しい「弁論家についての定義」として、聞き手に伝わる効果があるのです。

聞き手に及ぼす影響力が大きい格言がその根拠となれば、あなたの持論や結論の説得力は格段に高まります。自分が伝えたい結論との共通点があるのならぜひ積極的に活用しましょう。

格言を使う場合にはいくつかルールがあることは先にお話ししました。

大事なのは、身の丈にあっているかどうか。それから、自分の個性にあっているかどうか、です。

なぜなら格言は、あくまで自分の意見を裏付ける〝事例〟であるからです。

自分の経験を明らかに上回るような格言を使ってしまうと、その意見の信ぴょう性が失われてしまいます。

格言を活用する場合は、自分の年齢、経験や知識にふさわしいものを選び、聞き手にとって違和感なく納得できるものを引用するようにしましょう。

比喩（たとえ話）による例証

アリストテレスが挙げた、説得に効果的なもう一つの方法は比喩による例証です。こちらは、「例えば」「言い換えれば」と言って例を挙げるような場合のことです。

くじに当たった人を行政の職につけてはならない。（結論）
それはちょうど、競技者の場合、競い合う能力のある者ではなく、くじに当たった人を競技者に選ぶとか、（比喩1）
水夫の中から舵を取る者を選ぶ場合、舵を取る能力ではなく、くじに当たったことが条件かのように錯覚しくじ引きをする事と同じである（比喩2）（「弁論術」第2巻 第20章同前より要約）

要するに、説得したい事柄の正当性を証明する場合、聞き手にとってもっと身近に感じられる例などの比喩を使って説得する方法です。

比喩、すなわち、たとえ話を例として挙げるのですから、実際には起こり得ない事も含まれていますので、過去の事実とは真逆の発想です。

「くじ引きで行政を行う人を決めてはいけない」を証明する例が、「くじ引きで競技者を決めるたとえ話」であるように、論者が作り出した、たとえ話を使うことも可能です。

私も、講演会やレッスンの最中に、メッセージを伝えるために比喩（たとえ話）をよく使います。

一見ただの雑談のようなプライベートの話題が、最終的にはそれまで話していた講演の本旨とつながっていくのが面白く、聞き手のみなさんにとって、軽い息抜きのような時間になると思うからです。

比喩に使えそうな経験やエピソードは、身の回りにたくさん転がっていますが、その中から使えるものを瞬時にピックアップするためには、エピソードをどう使うかを普段から意識することが大切です。

私は、「使えそうだな」というエピソードは、その場でスマートフォンのメモ機能に入力しています。いわゆるネタ帳ですが、その際心がけているのは、そこから引っ張ることができそうな結論も合わせて書くことです。

つまり、エピソードから得られる教訓や気づき、つまり〝話のオチ〟と言われる部分まで、その時点で考えているのです。

こうやってそれぞれのエピソードの話のオチまで決めておくと、その出来事からの結論、つまり、その出来事を通じて伝えられるメッセージもある程度見えてきます。

そこまで準備しておけば、それに似た結論を証明するたとえ話として、簡単に取り出すことができるのです。

「そういえば、この間、似たような出来事がありました……」というように、全く関係のない話に脱線したように見せかけて、伝えたいメッセージをより強調できたりします。

この2つの例証からもわかることは、必ずしも一般的法則や原理にまでは導けなくても、過去の事実や経験、または、実際には起こっていないたとえ話を使っても、説得に一定の効果があるということです。

物事を両面から伝えると説得力が増す

証明の効果が高い帰納的な論理展開ですが、あくまでも事例を挙げた推論であるために、必ずしも正しいとは言い切れない部分が残ることも事実です。

ビジネスで用いるには、帰納法のメリット、デメリットを理解して論理を展開する必要があります。

反対に、このことを上手く利用すれば、話し方にさらなる説得力が生まれます。

先ほどの例においても、20代の社員の会議での発言率や企画提出率が低いのは事実でも、「仕事への主体性が低い」というのはそこからの推察にすぎません。もちろんその可能性もありますが、そうでない可能性も否定できないのです。

そんな時は、物事を両面から考えてみることにしましょう。

営業トークなどでも、「メリットだけでなく、デメリットも話したほうが、信用される」などと言われます。つまり、何事も、両面から考え、両面から伝えるほうが、より真実に近づくのです。

帰納法を使う場合も、反対の結論である可能性についても検討してみましょう。

すなわち「20代の仕事への主体性は、30代に比べて、決して低くない」という逆の可能性に関しても、同様に検討するのです。

例えば、20代と30代の社員を何人かずつ呼び出し、仕事への主体性に関するヒアリングをする、アンケートを行う、などのさらなる調査をすれば、あなたの意見の正しさを証明する新たな事実が出てくるかもしれません。

もちろん、その結果によっては、結論を再検討する必要もあります。

いずれにせよ、逆の可能性も考えた結果を伝えることで、聞き手が抱く「必ずしもそうとは言えないのではないか」というどこかモヤモヤとした印象を残すことを避けられます。

また、20代でも30代より仕事への主体性がある社員が少なからずいることが判明した場合には、その事実も例示でき、意欲の高い20代社員も納得できるでしょう。

この例のように、必ずしも正しいとは言い切れない帰納法の特徴を理解した上で使うことが大切です。

さらに、実際には、絶対に通さなければならないプロジェクトのプレゼンなど、両面から伝えてもなお、自分に有利な結論に導く必要がある場面は多々あります。

そのような場合には、自分にとって不利な事実を伝えた後のリカバリーまで準備しておく必要があります。

デメリットをリカバリーと併せて伝えれば最強

不利な事実からリカバリーする方法は、大きく分けて2つあります。

一つは、代替案や打開案など、デメリットをクリアする手段を具体的に提案する方法、そしてもう一つは、それを選択しなかった際の推論を述べる方法です。

リカバリーの提案が併せてできるのであれば、デメリットもあえて伝えるほうが説得力は増します。

例えば、あなたが今、自社の新商品の導入をクライアントに勧めていると仮定しましょう。

商品を買ってもらうには、当然「新商品を導入することが利益になる」という結論を、クライアントに納得させなければいけません。

それを証明するために例示するのは、「新商品の導入が利益になる」という事実、つまりメリットを裏付ける事柄です。これらについては、商品のアピールポイントでもあるわけですから、例示するのは決して難しくないでしょう。

ただ、クライアントをより納得させるには、「新商品を導入しても利益にならないかもしれない」という可能性、すなわちデメリットについても言及し、そこからリカバリーして、望む結論に導く必要があるのです。

「もしも故障した場合は、業務が完全にストップしてしまい、むしろ大きな損失になる」（デメリット）

↓

「アフターサービスも万全で、万一故障した場合は、即日復旧対応する」（打開案）

「想定の売り上げを得られなかった場合、導入コストが高すぎて、かえって損をする」（デメリット）

↓

「トライアルでもう少しシンプルなパッケージからスタートする」（代替案）

このようなものが、デメリットをリカバリーする方法です。

明確な対策が提示できない時は、「それを選択しなかった場合の推論」を述べることもできます。

つまり、「新商品を導入しなかった場合どうなるのか」について語るわけです。

具体的には、

「もし、導入しなかったら御社の売り上げは、今以上に上がらない可能性がある」

というようなことを伝えることになります。

ただ、デメリットを語る時に、「御社の売り上げが上がらない」などと、ネガティブで直接的すぎる伝え方は、クライアントとの関係性にひびが入りそうで避けたいという場合もあるでしょう。

そんな時は、

「この商品を使ってくださっていたお客様が、去年、一旦、使用をストップされたところ、集客が０・５％ダウンされたのです。そこで使用を再開されたところ、すぐに通常の数字に戻りました」

というように、過去の他社の事例を伝えるのがよいでしょう。

このようにデメリットからうまくリカバリーできれば、ただメリットを伝えたときより、クライアントの納得感は格段に増します。

メリット、デメリットの割合にもよりますが、購入の意思がある人に購入しなかった際のデメリットを伝えると、「購入しなければ損をする」という危機感が生まれ、それまで「購入しようか否か」という観点でいた相手に「購入しないでおくか否か」という新たな側面を見せることができます。

つまり、「購入しないことで起きるデメリット」を意識させることで、「購入しない」という選択肢を取らせないようにするのです。

逆に、勧められる立場にある場合も〝絶対的な事例〟と〝推論〟の違いを理解していると、交渉や反論をする際にも大いに役立ちます。

先ほどのリカバリーの例において、あなたがクライアントの立場だった場合なら、

「そのお客様が、一日商品の使用をストップしなかったとしたら、売り上げが落ちることはなかったのですか？　つまり、売り上げが落ちた直接の原因は商品の使用をストップしたことなのでしょうか？」

とさらに切り返すことができる、というわけです。

この力を身につけておくと、相手の論理に惑わされることが少なくなります。相手に論破されることが多い人は、それが絶対的事例なのか、話し手に都合のよい推論なのかに意識を向けるようにしてみてください。

実践トレーニング12　事例を挙げて説得する

帰納法スピーチのフレームに、事例を当てはめて論理を組み立てる練習をしてみましょう。

お題

「私にとって仕事とは」

★ＳＴＥＰ１

「私にとって仕事とは……」に続く事例を３つ挙げてください。

★ＳＴＥＰ２

そこから考えられる共通点を見出しましょう。

★ＳＴＥＰ３

共通点から結論を考えましょう。

（例）

「朝食を食べられない日」に関して、いくつかの事例を挙げ結論を導き出す場合

「朝食を食べられない日は……」に続く３つの事例を挙げる。

朝食を食べられない日は、なかなか眠気がとれない。（事例１）
朝食を食べられない日は、午前中仕事に集中できない。（事例２）
朝食を食べられない日は、朝の挨拶の声が出にくい。（事例３）

共通点
朝食を食べられない日は、午前中のパフォーマンスが低下する。（共通点）

結論
朝食は、午前中の仕事のためにも食べるべきだ。（結論＝意見）

リーダーズ・スピーチ 実例9

比喩を絶妙に使った説得力の高いスピーチ

〈2015年 山田崇 TEDxSaku『ひとりじゃ円陣組めない』より一部引用〉

過去の出来事や比喩を絶妙に使ったスピーチとして印象に残っているのは、自称・元ナンパ師で、今は長野県の市役所の職員というユニークな経歴をもつ山田崇さんが、2015年にTEDxSakuで行った『ひとりじゃ円陣組めない』というスピーチです。

「空き家再生」事業をテーマにしたトークの冒頭で、ナンパの定義をプロジェクタで映し出したあと、「いやあ、こんな話、この場でできるなんて思わなかったなあ」とフランクな口調で話し始めました。

その一部を、ここで紹介しましょう。

私が声をかけないと、私の友人が声をかけないと、絶対に出会わない人たちでした。しかもですね、大勢に声をかけるわけじゃなくて、ひとりひとり、丁寧に、丁寧に、丁寧に……（笑）。丁寧に声をかけていきます。偶然の人間関係の連続というものがすごく快感だなぁと思ってきました。

スタンフォード大学のクランボルツ教授の理論です。「個人の8割のキャリアは、予想していない偶然の連続によって形成される」という、「計画的偶発性理論」を提案しました。

実はこのグランボルツ教授は、この5つの行動特性というものを持っている人が、そういったキャリアになりやすいよ、と言っています。

ナンパをこれに合わせてみたら、なんかしっくりきたんですよね。「好奇心」「持続性」「柔軟性」「楽観性」「冒険心」。ちょっと説明してみましょうね。

いや、気持ちいいな。こんなこと言っていいんですね（笑）。

まず「好奇心」。偶然の出会いです。渋谷まで行く電車に乗っている時、「今日誰と会うんだろう？」って。家を出たときなんて誰に会うかもわかってないんですよ。私ね、女の子にモテたい、当時。いや、今もそうかもしれない。「今日は誰と会うのかな？」という好奇心、これがありました。毎週通うぐらいの好奇心がありましたね。

次は「持続性」。たまにかわいくない子もいるんですよ（笑）。私たち、結構リピーターになってくれる方が多くて、その後合コンにつながっていくんですよ。そこから結婚をしていくまでになったりするんですが。「いや、この子はちょっとかわいくないかもしれないけど、この子が次に連れてくる友達はかわいいかもしれない」。この持続性があって、根気強く毎週できました。

次は「柔軟性」ですね。出会った瞬間から話を始めなくてはいけません。しかも立ち止まってもらって、その後飲みに行って、あわよくば……っていうところまで、柔軟に対応していかなければいけない。この柔軟性はあったなぁと思いますね。

この後、長野県塩尻市大門町にある大門商店街の空き家を借り、「nanoda」という拠点を作り活動を始めたこと、シャッター街となっていた大門商店街で、とりあえずシャッターを開け続けたところ、徐々に地域の輪が広がっていったエピソードを語ります。

そして、これこそが、クランボルツ教授の理論、「偶然の人間関係の連続」と同じだという話につながっていきます。

私が空き家nanodaを借りなければ、出会わなかった人たちがたくさんいます。また私たちの空き家の活動を見に来て、お互い同士がつながるというつながりも生まれてきてます。「持続性」。私、鈴木ショウジさんを看取るまでやる、と宣言しています。まちづくりや商店街振興は、私は10年ぐらいやらなきゃわからないんじゃないかなと思ってます。良かったのか悪かったのかもわからないと思ってます。「このくらいやらないとダメだな」と周りに言いふらしています。今もそうですけど（笑）。

「柔軟性」。イベントは、特に何も設けていません。私たち、nanodaという建物には、建物の属性は設けてないです。イベントスペース、会議室、そんなことは設けてないです。なにかやりたい人が「あ、いいじゃん、それやってみようよ」、「じゃ、トークなのだ」

「今日はカフェなのだ」「ワインなのだ」……。こういった形で柔軟に、「何でもやってもいいんだ」。そういったスペースにしています。

「楽観性」。これは仕事じゃないんですよ。自分たちでお金出して、自分たちの時間の中で仕事以外の時間を作ってやっています。何が良いか？　上司がいないんです（笑）。

山田さん自身の冒険心や柔軟性などの人徳も良く伝わる〝ナンパ〟のエピソードを事例にしたことで、難しそうな、地域活性化の意義がすっと理解できます。

「ナンパの経験」「クランボルツ教授の理論」「nanodaの実例」を例として挙げ、共通点を導き出し、その結論としての「キャリアの大部分は、偶然の連続で形成される」という持論を証明しています。

ナンパという俗世間的なたとえ話と、スタンフォード大学の教授の理論をつないでしまうあたりが絶妙で、スピーカーの魅力をも同時に伝えてしまう、柔軟性のある素晴らしいスピーチだと感じました。

実践トレーニング13 比喩（たとえ話）で説得する

比喩を使ったスピーチトレーニングをしてみましょう。

お題「私の趣味の醍醐味について」、比喩（たとえ話）を用いて説明してみましょう。

発想のヒント

・自分の趣味の魅力、醍醐味を語りましょう。
・その趣味の良さがわからない人のために、たとえ話を用いて説明しましょう。

例

私の趣味は鉄道写真です。その醍醐味は、「トンネルから出てきた列車」にシャッターを切る瞬間なんです。（結論）

春の道で、小さなタンポポのつぼみを見つけた瞬間に、それまで厳しい冬を耐えてやっと芽を出したという強さを感じますよね。

（比喩（たとえ話））
それと同じように、トンネルから列車が出てきた瞬間は、今まで列車が走ってきた長い道のりが背景に見えてくるような、感動的な一瞬なんです。（再度結論）

演繹法を使って説得する～普遍的な事実をベースに推論する

帰納法が例を挙げて結論を導き出す思考法であるのに対し、一般的に正しいとされること（大前提）をベースに個々の事象（小前提）を推論し、結論を導く方法もあります。それが演繹法です。演繹法といえば、近代哲学の父、フランスのデカルトを思い浮かべる人も多いと思いますが、その体系を構築したのは、アリストテレスです。

演繹法は、大前提と小前提という2つの事柄から結論を導きますが、その際「正しい前提から推論され導かれた結論は必然的に正しい」とされています。

まず大前提では、一般的に正しいとされる事象を挙げます。その次に小前提として、大前提と共通点がありそうな情報を挙げます。そして2つの前提から導き出される結論を述べます。

演繹法の説明として有名なのは以下の例です。

人間は死ぬ。（大前提）

↓

ソクラテスは人間だ。（小前提）

↓

だからソクラテスは死んだ。（結論）

「人間は死ぬ」という大前提は一般的に正しいとされる事実です。次に、「ソクラテスは人間だ」という、大前提に関連する小前提を述べます。

この2つの前提を踏まえての結論は、「ソクラテスは死ぬ」という結論です。

この例文は、大学の講義やロジカル・シンキングの研修などで一度は見たことがあるかもしれません。

それにもかかわらず、演繹法には、なんだか難しく使いにくい印象があります。

なぜ難しく見えてしまうかと言うと、大前提が「一般的に正しいとされること」に限られるという条件があるからです。

でも、演繹法も帰納法と同様、「100%正しい前提」に立たなければ論理を展開できないかというと、そうではありません。

実際に人を説得するような場合、大前提に自分の意見を仮説として持ってきて、その後、その仮説の正しさを演繹的に証明する論理の展開も多くあります。

例えば、

高齢者の運転はリスクが高い。（大前提）

↓

事実、高齢者が運転する車が衝突事故を起こしたというニュースはよく目にする。（小前提）

↓

だから、高齢者の運転はできるだけ控えるべきだ。（結論）

この意見の展開は、「高齢者の運転はリスクが高い」という大前提に立っています。

確かに、高齢になると運転に必要な反射神経などが衰えるので危険だという意見は一般的です。でも、「そうではない」という意見がないとは言い切れません。

つまりこれは、「人間は必ず死ぬ」のような普遍的な事実でない大前提から論理を展開することにはなりますが、小前提で、誰もがニュースなどで目にした事がある高齢者の運転事故の多さを指摘し、「高齢者の運転が危険だ」という大前提の正しさを裏付けようとしています。

つまり、１００％正しいとまでは言えない大前提であっても、次に来る小前提が大前提を支える論拠となりうる場合は、ある程度説得力のある論理と言えます。

ただし、大前提の正当性自体が危うい場合は、論理が通らない印象を与えることがあります。

例えば、

プロ野球選手にするには9歳までに野球を始めなければならない。（大前提）

↓

大谷翔平は8歳で野球を始めた。（小前提）

↓

だから、野球を5歳で始めたうちの息子はプロ野球選手になる可能性がある。（結論）

このような論理展開です。

その理由は、「プロ野球選手になるには9歳までに野球を始めなければならない」という大前提に無理があるからです。10歳以降で野球を始めてプロになった選手が多く存在することは多くの人が知っていますし、「大谷選手が8歳で野球を始めた」という小前提一つでは、大前提を決定づけることはできません。

一方、さきほどご紹介したように、帰納法のテクニックを使い、共通点の多さによる結論として導き出せば、「プロ野球選手にするには9歳までに野球を始めなければならない」というのも、それなりの説得力をもって正しく聞こえる場合もあります。

このように演繹的に展開したほうが良い場合と、帰納的に展開したほうが良い場合があることを覚えておいてください。

強力な説得力の裏にあるリスク

疑う余地のないことを大前提にした場合、演繹的な論理展開には強力に相手を説得する効果がありますが、使う際には注意も必要です。

例えば、遅刻を繰り返す部下に注意を促す場合、

遅刻は怠惰である。（大前提）

↓

あなたは昨日も今日も遅刻をした。（小前提）

↓

だからあなたは怠惰である。（結論）

というような場合です。

「遅刻ばっかりするな」とただ怒鳴るよりも、論理的に「遅刻をすることは悪いことだ」と伝わるでしょう。

ただ、一般的に正しいとされる大前提を基に繰り広げられる演繹法は、論旨が通りすぎてしまい、聞き手をとことん追い詰めてしまう危険性もあります。

説得する相手をあまり傷つけたくないという場合、時にこのテクニックは向いていないことがあります。言っているほうは、感情的にならず論理的に伝えているつもりでも、大前提が正しいがゆえに、聞き手は非常に追い込まれてしまうのです。

それだけでなく、理詰めで迫られると、正しいことを頭では理解できても、その人に従う気持ちになれないというデメリットもあります。いくら説得力があるといっても、論理だけでは感情を支配することはできません。

このように部下を注意するときに演繹法のテクニックを無意識に使ってしまい、知らず知らずのうちに深く傷つけているリーダーは少なくありません。

「やる気がない人間は出世しないもんだ。お前にはやる気が感じられない。このままだと出世しないぞ」

確かに論理は成立していますが、これでは部下をやる気にさせることは難しいでしょう。部下のモチベーションを高めることが目的であるのであればこのような言い方は避けるべきです。自分が相手を追い込む論法を使っていることに無自覚でいると、そんなつもりはなかったとしても、パワハラだと捉えられてしまう危険性もあります。

ここまで繰り返しお話ししてきたように、スピーチテクニックを使う目的は、相手を論破したり負かしたりして、悦に入ることではなく、あなたの望ましい結果へと聞き手を導くことです。

そういう意味では特に、正しいことを完璧に証明しても、逆効果になる危険性があることも意識しておくべきでしょう。

演繹法を利用したプレゼンは、断る余地を与えない

一方、絶対に決めなければならないような重大なプレゼンなどでは、演繹的に論理を展開すれば相手を説得しやすくなります。

例えば、

夏は、休暇を挟むので、教育関連の業態は集客が落ちます。（大前提）

↓

御社の売り上げの30％を占めるコンテンツのメインは、教育コンテンツ配信です。（小前提）

↓

おそらく、御社の夏のコンテンツ配信事業は、集客が落ちます。（結論）

といったものです。

実は厳密に言うと、「夏には、必ず集客が落ちる」というのは、〝一般的に正しい前提〟だとは言いきれないかもしれません。

ただ、このようなケースでは、過去の客観的な統計からみてほぼ間違いなく起こると考えられる事象であれば、〝一般的に正しい前提〟として扱うことができると考えます。

無難にいくなら、

御社と同じ教育関連のA社は去年、夏に集客が落ちました。
教育関連B社も去年、夏に集客が落ちました。
↓
だから、教育関連である御社も夏に集客が落ちます。

と例を挙げて説得することももちろんできます。

しかし、クライアントの危機感をより効果的にあおるのは、疑う余地のない前提を基に論理を組み立てる演繹的な論法のほうです。「プレゼンを成功させる」という目的を考えれば、ここで演繹的にプレゼンを展開するのは悪い選択ではありません。

ただし、何度も言いますが、前提として用いるのは、100%とまで言えなくとも「一般的に正しいとされること」である必要があります。

きちんとした分析もしていないのに「教育業界は夏は絶対に集客が落ちます」というように持論を展開してしまう人がいますが、これでは、相手を強引に納得させるような話し方になってしまいます。

やはり、具体的なデータなどに基づく一般的に正しい大前提がある場合にのみ演繹法を用いるのが良いでしょう。

もしも、大前提が主観の域を出ない場合は、演繹的展開で説得することは避けたほうが無難です。

演繹法の大前提も「善いもの」

演繹法には、誰もが正しいと思う大前提が欠かせません。

アリストテレスは「有益なこととは善いものにほかならない」と述べています。

P.140でもすでに示したアリストテレスのいう「善いもの」をここで改めてあげておきましょう。

「幸福、正義、勇気、節制、寛大、豪胆、その他この種の性向。健康や美しさやそれに類するもの。富。友人および友情。名誉と名声。弁論力および行動力。優れた素質、記憶力、理解力、鋭敏さなど、この種の性質すべて。すべての学問および技術。生きること。公正であること。」

書店に行けば、右記のすべてに関する書籍がたくさん並んでいます。それは、これらが人間にとって利益をもたらす普遍的な善いものであることの表れなのです。

ビジネスにおける、クライアントへの助言や、営業トーク、プレゼンなどは、相手の利益を伝えることを目的としてなされるわけですから、演繹的な論理展開をビジネスで使う場合の前提も〝善いもの〟を基準に考えればよいということになります。

語る能力は、利益をもたらします。（大前提）

↓

もし、あなたがリーダーとして語る能力を手に入れたとしたら。（小前提）

↓

あなたは、利益をもたらすリーダーになるでしょう。（結論）

もし、私が、誰かにスピーチトレーニングを受けることを提案する時、このように勧めるでしょう。

大前提には、〝利益〟という経営的に善いとされるもの、小前提が「もし、あなたがリーダーとして語る能力を手に入れたら」という仮定、そこから導かれる結論は、「語る能力を手に入れたら、利益をもたらすリーダーになれる」というものです。

アリストテレスの定義する、「善いもの」という大前提を用いれば、相手がそれを拒否することを難しくする効果があります。

つまり、よいことが明白であるのに、それを選択しない理由がないと思わせることができるのです。

演繹法を説得にどう活用するか

論理を組み立てる時、ほとんどの場合、最初に考えるのは結論です。

演繹法の考え方で論理を組み立てる場合のフローを考えてみましょう。

例えば、あなたが、事務作業を削減するシステム導入をプレゼンするとします。

その際の結論、つまり最も伝えたいことは、

「このシステムを導入すれば、会社の経費は大幅に削減できる」（結論）

ということになります。

次に考えるのは、なぜ、その結論に至ったかの理由、つまり、小前提になり得る要素です。

なぜなら、「このシステムは、ルーティーンワークを現状の半分に減らすことができるから」（小前提）

といったことが挙げられるでしょう。

最後に、大前提を探す必要があります。これが難しいのですが、この例であれば、

「ルーティーンワークを減らせば、経費を大幅に減らすことができる」

といったことになるでしょう。これはつまり、「無駄を省けば、節約できる」ということですが、〝節約〟は、一般的に誰もが〝善いこと〟だと捉える徳の定義に入っていますので、大前提の役割を十分に果たします。

こうして材料が揃ったら、次に話す順番を決めます。

演繹的論理展開のルールに従うなら、話す際は考えた時とは反対に、

「ムダを減らせば、経費を大幅に〝節約〟できます」（大前提）

↓

「このシステムは、ルーティーンワークである事務作業を現状の半分に減らすことができます」（小前提）

↓

すなわち「このシステム導入で御社の経費を大幅に減らすことができるんです」（結論）

フレームに当てはめると次のページのようになります。

顧客にとって、メリットのあることを冒頭に述べたいと思うのであれば、結論から話すのも良いですし、大前提から話す演繹的展開で話せば、正しいことを前提にするぶん、相手もNoとは言いにくくなります。

要素が同じでも、順番が違うだけで、印象は大きく違ってきます。状況や聞き手のタイプ、関係性などに応じて使い分けてみてください。

演繹法スピーチ

大前提

ムダを減らせば、経費を大幅に節約できる

▼

小前提

このシステムは
ルーティーンワークである事務作業を
現状の半分に減らすことができる

▼

結論

このシステム導入で、御社の経費を
大幅に減らすことができる

実践トレーニング14 ―― 演繹法を使ってプレゼンする

あなたの会社の商品を演繹法スピーチのフレームに当てはめ、プレゼンしてみましょう。

発想のヒント

- 結論……顧客に伝えたい結論を考える
- 小前提……なぜ、その結論に至ったのかという理由を考える
- 大前提……前提にできそうな普遍的な事象を決める

リーダーズ・スピーチ 実例10

聞く人すべてを納得させるスピーチ

〈2014年　エマ・ワトソン（UN Women親善大使）国連でのスピーチより一部引用〉

ここで紹介するのは、ハリー・ポッターシリーズで有名子役となり、現在は世界的映画女優として活躍するエマ・ワトソンのスピーチです。彼女が国連史上初の男女平等の普及のためのプログラム「He For She」の立ち上げを宣言したこのスピーチは、名スピーチとして知られています。

イギリスで生まれた私は、
男性と同じ賃金を女性がもらえるのは正しいことだと考えています。

自分の体について、自分自身で決められるのは正しいことだと考えています。

自分の国で、私を代表する女性たちが政策や意思決定に参加できるのは正しいことだと考えています。

女性も男性と同様に社会的に尊重されるのは正しいことだと考えています。

しかし悲しいことに、すべての女性がこのような権利をもつ国は、この世界には一つもありません。

この世界には、ジェンダー平等を達成したと言える国はまだ存在しないのです。

これらの権利は、人権だと考えています。

（中略）


1997年に、ヒラリー・クリントンは北京で女性の権利についてスピーチをしました。

悲しいことに、彼女が変えようとした多くのことは、今でもなお達成されていません。

しかし、最も衝撃的だったのは、この会議に参加していた男性が3割以下だったことです。

一方の人々しか話し合いに参加していない状況で、どうやって世界を変えることができるのでしょう？


男性のみなさん。この場を借りて、みなさんを正式にご招待します。

男女平等は、男性のみなさんの課題でもあるのです。

なぜかというと、今日まで、私は母と同じく父が必要だったのにもかかわらず、社会的には父が、親としての役割を軽んじられるのを目にしてきました。「男らしくない」と見られることを恐れて、精神を患っても助けを求めることができない若い男性を見てきました。

イギリスでは、20歳から49歳までの男性の最大の死因は、自殺なのです。

交通事故、ガン、そして心臓疾患を上回っています。

男性としての成功を形作る歪んだイメージが男性を傷つけ、不安定にするのを見てきました。

男性も、平等の恩恵を受けてはいないのです。

女性が、男性と同じく、賃金や心身の自由、社会参加の権利を持つことは人権であるという主張は、一般的に正しいと信じられている「人は平等であるべき」という大前提に基づいています。

また、自分の父親の例や、〝男らしさ〟という概念に苦しめられる男性の例を挙げながら、「男性も平等の恩恵を受けているわけではない」というメッセージを、男女平等に関する話し合いに乗り気ではなかった男性に対し送っています。

このように説得されると、エマ・ワトソンが語るように〝フェミニズム〟という言葉を表面的に捉え抵抗感を抱いてきた人たちも、自分のパートナーや家族といった身の回りの女性のことを捉え直したり、男女差別によって自らも不平等な扱いを受けてきたことに改めて気づかされるのではないでしょうか。

名スピーチと言われるのにふさわしい、人を説得するのに効果的な構成となっているので、ぜひ参考にしてください。

第4章

“真意”にアクセスする

THE SPEC

コミュニケーションに必要な真意という視点

上級管理職の方々へのレッスンで、私はよく「真意にアクセスする」というフレーズを使います。

〝真意〟とは、文字通り、たった一つの真実のことです。

スピーチだけでなく、コミュニケーションにおいても、「真意にアクセスする」ことは重要なキーワードなのですが、私自身も特にこの視点を大切にしています。

そのきっかけは小学生の頃のある出来事にあります。

当時私にはいつも遊んでいる親友がいました。彼女の名前はここでは「ともみちゃん」としておきましょう。

ある日、私は、ともみちゃんとは別の友達から誘われ、次の日曜に隣の町に遊びに行くことになりました。

ところが、そんなお出かけを楽しみに過ごしていたある日、タイミング悪く、ともみちゃんから「新しい小説を買ったから、日曜にうちで一緒に読もう」と誘われたのです。

もちろん、いつもなら喜んで誘いに乗るのですが、その日は別の大事な約束がある日です。ともみちゃん以外の友達と出かけることにどこか後ろめたさを感じていた私は、

「ごめん。日曜は、家の用事があるんだ」

と、とっさに嘘をついてしまったのです。

ところがこれが間違いでした。

週明けに登校すると、ともみちゃんはすごい剣幕で私にまくし立てたのです。

「昨日、隣町で遊んでたよね。私見たんだから！　家の用事って嘘だったんだ。もう一生絶交だからね！」

思えば、この時すぐに謝っておけばよかったのです。でもその時の私は、どうしても謝ることができませんでした。

私が嘘をついたのだから、絶交されても仕方ないと思ったのも確かですが、それと同時に、「今日は大げさに一生絶交なんて言ってるけど、明日になればきっと普通に話しかけてくるに違いない」と高をくくっていたのです。

ところが、予想に反し、ともみちゃんは翌日もその翌日も、そして1週間たっても、私に話しかけようとはしませんでした。

そればかりか、あからさまに悪口を言ったり、すごい表情で時々にらんできたり、大声で「ば～か‼」と遠くから叫んできたりと、私への敵意をむき出しにしてきたのです。

実際にはどれくらいの期間だったのかははっきり思い出せないのですが、当時の印象としては〝ものすごく長い間〟そのような状況が続き、心がズタズタに傷ついた私は、思い切って家族に相談してみました。

すると、父はこう言ったのです。

「物事の真意は一つなんだ。その真意は何なのかだけに集中して見つけ出さなければ、本当のことがわからなくなるよ」

その言葉の意味があまり理解できないでいる私に父はこう続けました。

「ともみちゃんは、君のことが嫌いで、そんなことをするのかな？」

私はそう思ってはいませんでした。なぜなら、心は傷ついていても、私自身もともみちゃんを嫌いになったわけではなかったからです。

「嫌いになったというより、私が違う友達と遊びにいったことを怒っているんだと思う」

「じゃあ、どうして怒っているんだろう。君がともみちゃんの立場ならどうかな」

私は想像しました。

私が、ともみちゃんだったら……。

ともみちゃんが、私に嘘をついて、ほかの友達と遊びに行って、私と遊んでくれなかったら……。

そしてはっとしたのです。

「それは、悲しいし、寂しいと思う」

「じゃあ、それが真意じゃないかな」

父とそんなやり取りをした翌日、私は、意を決してともみちゃんに謝りに行きました。

「ともみの誘いを断って、ほかのお友達と遊びにいってごめんね。それって悲しいもんね」

すると、ともみちゃんは、ちょっと泣きそうな顔をした後、私が大好きだった満面の笑みを浮かべて、こう言ってくれたのです。

「うん。寂しかったよ。私も私だけど、今まで謝らなかったあんたももっと頑固だよね」

そうして私たちは互いに涙を流し、そして笑いながら、仲直りができたのです。

父の言葉とこの経験は、私に真意の大切さを教えてくれました。

私はそれ以来、人の言うことや、態度を、見たまま、聞いたまま判断するのではなく、その奥に隠れている大切なこと、つまり真意を探すようになったのです。

真意を知れば、人間関係がラクになる

イエスは、御自分を信じたユダヤ人たちに言われた。「わたしの言葉にとどまるならば、あなたたちは本当にわたしの弟子である。あなたたちは真理を知り、真理はあなたたちを自由にする。」（聖書：ヨハネによる福音書 8章31～32節）（「新約聖書」新共同訳・日本聖書協会）

「真理があなたたちを自由にする」

これは、聖書の一節です。

聖書の解釈には諸説ありますが、書かれた文章のまま受け取ると、この場合の〝真理〟も、たった一つの真実をさしているように思えます。

真理を見る目をもつからこそ「自由になれる」。

自由とは、人間関係などのしがらみや、自分自身がもつジレンマなど、私たちをがんじがらめにするさまざまな要素から解き放たれた状態。つまり、何にも邪魔されず、自分自身でいられることが自由なのではないかと考えます。

真理を知ることをコミュニケーションに置き換えると、相手の「真意」と自分の「真意」を知ることということになります。

特に、相手の真意にアクセスすることはとても重要なのですが、それは簡単ではありません。

〝真意〟の周りにはいつも、その時の状況や環境、性格や考え方、行動や言動といったほかの要素が取り巻いているからです。

円の中央にあるのが真意だとしたら、そこに達するには、それを取り巻く要素の層を一つ一つすり抜けていかねばなりません。そのような作業が「真意にアクセス」するということです。

無駄なものを取り除き、最後に残ったものが真意であると言ってもよいでしょう。

例えばあなたが、上司から「そんな仕事の仕方をしていたら、成功しないよ」と言われて、傷ついてしまったとしましょう。

そもそもあなたが傷ついた原因は、相手の言葉を額面通りに受け取ってしまったことにあります。

でも、その人がそのような言葉を言った状況や周囲の環境、その人の性格や考え方などの要素を、相手の立場に立って考え、真意にアクセスすると、受け取り方は大きく違ってきます。

さらにもう一つ大事なことは、その言葉を言われたあなたのその時の状況や環境、性格や考え方などを踏まえて「なぜ、この言葉に傷ついたのか」を考えること、つまり自分の真意も探ることです。

そうやって相手の真意と受け取った自分の真意を見極めていくと、たった一つの事実が見えてきます。

言った相手があなたの師匠のような立場の人であれば、トントン拍子で仕事が上手くいっているあなたに喝を入れたかったのかもしれません。その場合、相手の真意は〝あなたへの思いやり〟です。

また、もしかしたら、成功しているあなたを羨んでいるのかもしれません。その場合の真意は〝嫉妬〟ですし、あなたに仕事で負けてしまうかもしれないという焦りで言ったのであれば、〝不安〟という真意が隠されています。

そうやって真意にアクセスすると、自分の反省すべき点や、相手に同情すべき点に、気づくことができます。

また、あなたの受け取り方を考えた時、その相手から何度も叱られていて引け目を感じていた場合、単なる指導を必要以上の抵抗感をもって受け取っている、要するに〝過剰反応〟している可能性もあります。

もしくは逆に、普段親しくしてもらっている相手からそんなふうに言われてショックを受けた場合なら、あなたの真意は〝困惑〟という言葉がぴったり当てはまるかもしれません。

いずれの真意であれ、あなたが傷つく理由にはなっていません。つまり、あなたは相手の真意と違った受け取り方をして、「勝手に傷ついているだけ」ということになります。

人とコミュニケーションをとるのが苦手だという人は、実は真意の捉え方に問題があるケースがとても多いように思います。

人に言われたこと、されたことなど、表面的なことを真意だと捉えてしまうと、人から何か言われたり、されたりすることに振り回され、必要以上に傷つくことになります。

相手にコミュニケーションのハンドルを委ねるような人間関係を続けていると、次第に、人が怖くなり、人間関係の悪循環に苦しんだ挙句に、自分はいつも人から嫌われてしまうと思い込んでしまったりします。

もちろん、いじめのように相手の真意がそもそも攻撃性のある悪意である場合や、深くこじらせてしまった人間関係などは、捉え方だけで改善できるものではありませんが、それ以外の日常的なコミュニケーションは、さまざまな要素を客観的に分析して、相手の真意にアクセスできるようになると、惑わされることが少なくなります。

真意を捉えることで、物事をシンプルにし、自分で人間関係の解釈をコントロールできるようになるのです。

この視点があれば、部下から相談を受けた際にも適切なアドバイスができるようになります。

例えば、「同僚のAさんにきついことを言われて悩んでいる」というような相談を受けた場合、それが、コンプライアンスに違反することや、いじめなど深刻なものでなければ、まずは、Aさんの真意、そして相談者の真意を、一緒に冷静に分析し、確かめ、考え方や気持ちの整理を手伝ってあげることができるはずです。

相手の真意にアクセスするヒアリング

リーダーにとって、部下が抱える職場の悩みをヒアリングし、改善や解決を図ることは重要な職務の一つです。

1対大人数のパブリックスピーチと違い、1対1のコミュニケーションにおいては、相手の真意の汲み取りが最重要課題になります。

もちろん、第2章でお伝えした問いかけのテクニックなどのように、自分が相手に望む言葉を相手の口から意図的に言わせるようなテクニックもありますが、リーダーが誠意をもって部下と対峙する時はひとまず、自分の事情は脇に置いた上で、相手の話に耳を傾けなければいけません。

コミュニケーションというのは、知らず知らずのうちにその目的が自分の利益に向かいやすくなります。

友人との雑談でさえ、自分の持論を正しいと相手に認めさせたり、自分の考えを認めさせようとしたりしてしまいがちで、相手の話を真っ白な気持ちで聞くことは実はなかなか難しいのです。

たわいない雑談でさえそうなのですから、ビジネスシーンではなおさらでしょう。リーダーが部下の話を聞くときも、部下の利益より、管理者としての自分の利益や会社の利益をつい優先してしまう、というのは当然です。

ただし、コミュニケーションの大前提において言えば「相手の利益を最優先する」という姿勢で行うことが正しいはずです。

例えば、部下から「会社を辞めたい」と切り出される場面。

会社の利益を守るという管理者としての責務と、部下の利益を守るというリーダーとしてのあるべき姿、どちらを取るべきか、究極の選択を迫られます。

そのような場合、簡単に言えば、引き留められそうな部下には前者の立場を、引き留められそうにない部下には後者の立場をと使い分けるしかありません。

両者の利益が相容れないとわかった時点で、潔くどちらかを選択するほかないのです。

そんなことを言っても、手間もお金もかけて育てた部下だからこそ、なんとしても引き留めたくなる、というのがリーダーとしての本音かもしれません。

だからと言って、「今会社を辞めたら君の家族はどうなるんだ」と不安にさせたり、「せめてあと1年待ってくれないか」と懇願したりして、無理やり相手の心を変えさせようと躍起になったりするのは、むしろ逆効果です。

部下の気持ちは、離職を思いとどまるばかりか、どんどん離れていってしまうはずです。

では、もし部下が離職するのを止められる余地があるとしたら、どんな方法を持ってヒアリングすれば相手の気持ちを変えられるのでしょうか。

それは人を説得する話し方と同様、〈人徳〉や〈共感〉そして〈論理〉という説得の3要素を使ってヒアリングすることです。

まずは、あなたが信頼に足る人物であると感じさせる必要があります。これは日常的に信頼関係を構築しておくのが望ましいですが、もし、その時初めて深く語り合う相手であったとしても、相手の利益に寄り添う立場であることを伝えます。そのためには決して部下の言うことを頭から否定したりせず、まずは聞いて受け入れる姿勢を見せなければなりません。話を聞きながら、自分の経験談や、仕事で苦労した話、そしてそこから得た教訓など、部下の状況と共通点のあるエピソードがあれば伝えましょう。

終始一貫して、穏やかにゆっくり間をとって話すようにすると、部下のほうも警戒心を解いてくれます。

あなたの〈人徳〉が伝わり、相手の感情が「この上司の言うことに少し耳を傾けてみようかな」というところまで動いている様子が見られたら、次は、その結論が論理的に正しいのか、つまり、それが部下にとっての最適の結論なのかどうかを、一緒に考え始めます。

その際に汲み取るべきものが、まさに部下の真意です。

部下はなぜ離職したいと考えているのか？

もちろん、その部下の真意が「今の会社ではできないことを別の会社に求めている」といったことなら、離職はやむを得ないのかもしれません。

けれども、その真意が「特定の誰かとの関係に悩んでいる」「今与えられている職種への不適合を感じている」「自分が正当に評価されていないという不満を抱えている」といったことであれば、解決できる可能性もあります。

そのように、相手の真意を引き出し、それを解決する可能性を一緒に探れば、辞めないという選択肢があることを本人に気づかせることもできますし、場合によっては、離職を翻意させられる可能性も出てきます。

もちろん、いったん辞めたいと言いだした部下を引き留めるのは困難です。

それでも、リーダーという立場の人が、「辞めたければ辞めればいい」的な態度を取るのは決して賢明ではありません。開き直ったような態度を取るのは、自分自身にマネジメント力が不足していることを露呈しているのと同じです。

どうせ辞める相手なのだからどう思われてもいい、などと言う方が時々いらっしゃるのですが、今のご時世、その部下がその後、あなたやあなたの会社に対するネガティブキャンペーンを展開しないという保証はどこにもないのです。

もちろん最終的に辞めるか、辞めないかは、部下自身の決断なので、あなたが決定することはできません。けれども、その前段階で部下の〝真意〟が理解できたか否かは、リーダーとしてのあなたの格を大きく左右することになります。

あなたが〈人徳〉〈共感〉〈論理〉を尽くしても、やはり「辞めたい」という結論が動かなかったのであれば、それが部下にとって最適な結論であったということでもあります。

そして、その際には、恨み言などを一切飲み込んで「部下の利益を守る」リーダーとしての役割をまっとうしましょう。

「相手の利益になること」という徳の観点から言えば、部下にとっての最善な選択を、心から応援し、喜べる人こそが人徳を持ったリーダーであると言えます。

一般的なリーダー像とは少し違いますが、「これこそリーダーの考え方」だと感動した例があります。

それは、今は亡き、元X JAPANのギタリストhideさんのエピソードです。

X JAPANとしてデビューするよりずっと前、実はhideさんは別のメンバーとメジャーデビューを目指していました。

ところが夢に向かって一緒に頑張ってきたはずの仲間の一人が突然脱退を申し出たのです。

hideさんにとってそれは、自分の生活のすべてをかけてきた夢に関わる重大な事態です。

通常、リーダーであれば何とかして引き留めたいはずですが、意外にも彼は、「一人抜けるなら」とバンドを解散するということを即決します。

その時に、こんな言葉を語ったそうです。

「バンドはなくなってもメンバーがそれぞれ〝種〟になる。」

たとえ解散しても、これまで一緒にやってきたバンドのメンバー一人ひとりが持つスピリットは、また他の場所で花開くのだと語り、離れていくメンバーの背中を押したそうです。

ただ、そのあとhideさんは心底落ち込んでいたそうです。

本心を隠してでも、仲間の思いを尊重する彼は素晴らしいリーダーであったのだと思います。

部下に対しても、「辞めればおしまい」ではなく、これまで自分が育てた花の種が別の場所で蒔かれれば、そこで新しい花が咲くのだと考えることもできるのではないでしょうか？

何があっても動じず、相手の幸せを願い、自分に不利益なことも利益に変換する――。

そのような心をもって行うのが、リーダーに相応しいコミュニケーションだと思います。

リーダーコミュニケーションの目的は何？

さて、あなたが、リーダーとして部下とコミュニケーションを取る時、何を目的としているでしょうか。

リーダーコミュニケーションの本来の目的は、例えば、以下のようなものになります。

会社の生産性を向上させるため
売り上げや目標を達成するため
離職率を減らすため
プロジェクトを遂行するため
業務の進捗状況を把握するため
チームを管理するため
部下に心身ともに充実して仕事をしてもらうため
部下の仕事に対するモチベーションを保つため
……

先ほどの離職を思いとどまらせるヒアリングも含め、基本的には会社の利益のためであり、自分の受け持つ部下が能力を活かし、気持ちよく働けるため、つまり、部下の利益のためです。この2つは、相反する場合もありますが、両者の方向性をうまく一致させ、相乗効果で組織の生産性を上げることがリーダーコミュニケーションの最大の目的です。

一方で、リーダーコミュニケーションが上手くいかない人に共通するのが、自分自身の利益、つまり主観を混ぜた目的をもっていることです。

例えばあなたは次のようなことを目的にしていないでしょうか。

理想の上司になるため
上司への評判を良くするため
自分が楽しい職場で仕事ができるようにするため
好かれる人物になるため
責任を取らされるような事態を防ぐため
自分のスムーズな出世のため
……

これらはすべて主観が入った目的です。

こういう目的を掲げる人は、コミュニケーションをすべて自分自身の利益のために行っています。

そうすると、

部下から好かれたいから、昼食会を開く。

部下がやめると自分の責任にされるから、声かけをする。

といったことが起こります。

このようなリーダー側の利益のためのコミュニケーションは、不思議と部下にそれが伝わってしまうものです。表面的にどんなに取り繕っていても、そういうリーダーに、部下が心を開くことはありません。相手のよいように自分がコントロールされていると感じると、人は相手に心を許すどころか、むしろ警戒心さえ抱くようになってしまいます。

中には部下に嫌われることを気にするあまり、コミュニケーションの目的自体が「円滑な人間関係」になってしまっている人もいます。

　こうなると、完全にコミュニケーションのハンドルを部下に委ねてしまうことになり、思い通りに行かないことがある度に疲弊してしまいます。

　本来リーダーというのは、管理者として組織コミュニケーションのハンドルをしっかりと握り、100%誰からも好かれることなど期待してはいけないのです。


　リーダーコミュニケーションは、家族や友人との関係性を育むコミュニケーションとは全く違います。

　あなたがリーダーとして求められているのは、会社や部下の利益を守るために、組織のコミュニケーションを円滑に進めることです。

　だからこそ、リーダーとして部下とコミュニケーションを取る場合は、主観を混ぜない客観的な目的をもち、常にコミュニケーションの主導権を握っておくことが大事なのです。

　そうすることで、感情的になったり、部下との関係性に悩んだりすることも防ぐことができます。

リーダーに重要なロジカル・ヒアリング

1対1のコミュニケーションにおいては、相手の真意の汲み取りが最重要課題であることはすでにお話ししました。

真意とは、言い換えるならWHYでもあります。

つまり、ロジカル・スピーチの軸に自分のWHYを明らかにすることが重要であるのと同様に、誰かの話を聞く時も相手のWHYをいかにして聞き取るかが重要です。

論理的で、真意を聞き取るヒアリング方法をKEE'Sのリーダー向け研修ではロジカル・ヒアリングと呼んでいます。

WHYの外側にあるWHATやHOWといった要素は比較的摑みやすいのですが、WHYはなかなか表に出てこない部分だったりするので、そこに至るには一定の洞察力が必要になります。

やはりここでも、まずは自分の主観を排除する必要があります。

人というのはどうしても自分の経験や価値観をまぜて情報を処理してしまいがちで、主観を入れずに話を聞く、ということは実はとても難しいのです。

例えば、新商品のパッケージの色を部下に企画させたと仮定しましょう。

そんなとき、あなたはこんな会話を交わしてはいないでしょうか。

部下「色は青にしようと思います」

リーダー「うーん、青かあ。もっと明るい色の方がいいんじゃないかなあ。オレンジとか赤はどうなの？」

部下「実はそれも考えたんですが、男性用ですし、やはり青のほうが無難かなと」

リーダー「でもさあ、青は目立たないいんじゃないか。他の案はないの？」

これが、客観的に部下の〝真意〟、つまりWHYを汲み取れるリーダーであれば、次のようなやりとりになります。

部下「色は青にしようと思います」

リーダー「それってどんな種類の青？　色見本を見せてくれる？」

部下「はい。これが見本です。」

リーダー「（見本を見ながら）そうか、思ったより明るい青だね。なぜ君は青にしようと思うの？」

部下「最初はオレンジや赤などが目を引くかと思ったのですが、明るい青なら信頼感が出て男性ユーザーには響きそうかと」

リーダー「なるほど。君の意図はわかったよ。念のため他の案も出してくれる？」

いかがでしょうか。

前者の会話は、部下が青と言った瞬間、上司が自分自身のイメージで「青は目立たない」と決めつけています。自分の考えを最初から否定されてしまった部下は、具体的な意見を述べることもありません。

しかし後者のようなやりとりを経ていれば、仮に最終的には、赤やオレンジが採用されたとしても、部下は自分の考えを頭ごなしに否定されたとは思わないでしょう。さらには、自分の意見をきちんと伝えたという満足感も得ているはずです。

自己主張するタイプのリーダーで、考えをしっかりもっている人ほど、特に部下のヒアリングが不十分な場合があります。

言葉をはさみそうになっても、最低３回は飲み込んで、部下の意見に耳を傾けるようにしましょう。

部下の真意、WHYが見えてくると、不思議と「その意見もありかな……」とかたくなに信じ込んでいた持論を引っ込め、相手の意見を許容しようとする気持ちも生まれます。

このように、聞き方一つで、部下への理解、その能力の引き出し方に大きな差が出ます。リーダーにとっては、スピーチのスキルのみならず、ヒアリングのスキルも非常に重要なものだと言ってよいでしょう。

部下を能動的に動かす話し方

部下に関する悩みで近年増えているのが、「能動的に仕事をしてくれない」というものです。

与えられた仕事はきちんとやるのだけれど、自主的に仕事を考えたり、創り出したりして能動的に動くことが苦手――。

そんな部下に悩まされているリーダーはとても多く、「仕事に対するモチベーションも自分たちが新人だった頃より低い感じがする」「仕事と同レベルでプライベートも重視する今の若者の価値観に戸惑う」と言った声をあちこちで耳にします。

ジェネレーションギャップは避けられないので、仕事に対する価値観や姿勢が違うのは当然です。

でも、リーダーとしては、それを頭ごなしに否定したりせず、仮に理解できないとしても、価値観の違う若い社員の真意を汲み取っていくことも大切な仕事です。

多くのリーダーを悩ませる「能動的に仕事をしない部下」のWHYに迫るなら、まずは、

「単に仕事内容や給与などの条件、待遇の問題はないか？」

もしくは、

「この会社では自分の能力を活かせないと感じているなど環境の不一致が生じていないか？」

といった経済的・環境的な原因について考えてみます。それが部下の真意、つまりWHYであれば、それらの問題を可能な限り取り除けば、部下の仕事に対する姿勢に変化を起こすこともできるでしょう。

けれども、中には「人生においてそもそも仕事の価値が低いため、必要以上に頑張ろうとしない」というWHYもあります。

それをさらに、

「やりたくないからやらないのか？」

「やっても仕方ないからやらないのか？」

「やる価値がないからやらないのか？」

「やっても上手くいかないと決めつけてやらないのか？」

などと、深掘りしていけば、真意の核心に迫ることができます。

実はここに挙げた問いかけはどれも、仕事を通しての自己実現欲求を問うものです。

■マズローの欲求段階説

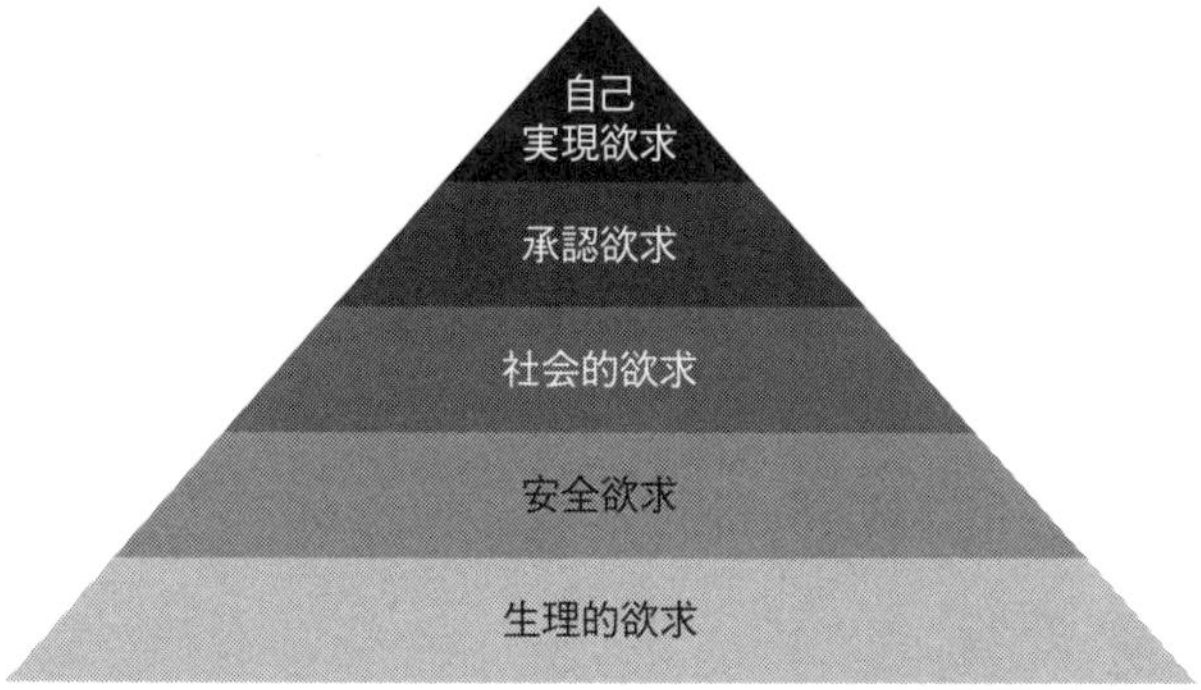

これらの問いかけのいずれかに対し「YES」と回答する部下は、自己実現欲求が低い状況にあるかもしれません。

自己実現欲求とは、アメリカの心理学者アブラハム・マズローが提唱した、人間がもつ5つの階層からなる欲求のうち、もっとも上位に位置するものです。マズローが定義した5つの欲求は、必要度に応じて下から積み上がっており、下層の欲求が満たされると、次の欲求が生まれてくるとされているため、自己実現欲求は、他の4つの欲求が満たされて初めてもつことができると理解できます。

マズローの提唱する5欲求とは具体的には以下のようなものです。

生理的欲求→主に生命維持に関する欲求で、水が飲みたい、食べたい、寝たいという生きていく上で生理的に生じる欲求。

安全欲求→安全な場所で暮らしたいという身の安全や精神的不安を取り除きたいという欲求。

社会的欲求→別名、所属と愛の欲求とも呼ばれ、集団や組織に属したいという欲求。

承認欲求→誰かに認められたい、自分は価値のある人物であると思われたい、褒められたいといった、他者から承認を得たいという欲求。

自己実現欲求→自分のやりたいこと、理想の実現を通し社会の役に立ちたいという欲求

リーダーの皆さんが期待する「能動的に仕事をする部下」とは、まさにこの自己実現欲求をもって仕事に邁進するような人物です。自己実現欲求をもった人物とは、自分が定めた目標を達成したい、理想とする自分になりたい。さらにはその先に社会貢献をしたいという主体的な欲求をもちあわせているのです。

そのような部下は理想的のように見えますが、リーダーの視点から見るとリスクもあります。マズローが言うように、「逆にその仕事が自分がやりたいことではない場合、自己実現できる職場をもとめて次に行ってしまう可能性」がつきまとうのです。

ロジカルヒアリングのところで、「離職に応じない部下は気持ちよく送り出す方が得

策」とお話したのは、そのためです。

自己実現欲求をしっかりともった人物が離職を申し出た時は、慰留の説得に応じる可能性は非常に低いと考えられます。

さて、多くのリーダーを悩ませる「能動的に仕事をしない」部下のほうに話を戻しましょう。

まずは、給与や職場環境、待遇、仕事内容など職場における生理的欲求、安全欲求といった基本欲求が満たされていることを確認しましょう。次に、相談できる仲間がいるか、人間関係が円満であるかなどの社会的欲求はどうでしょうか？

そのあたりがクリアされれば、基本的には環境に大きな問題はなく、欲求の土台は整っているといえます。

難しいのはここから、すなわち、自己実現欲求のすぐ下にある承認欲求が満たされているか否か、です。

人は承認欲求が満たされることで初めて、自分が世の中で価値のある存在であると強く認識し、自信ややる気をもつことができます。

反対に、これが満たされない場合、自分に自信をもてなくなり、自己肯定感を得ることができません。最初から諦めたり、無気力な状態になりやすくなるのはそのためです。

人というのは、自分の能力が他者に十分認められていると感じない限り、自分の能力を自ら伸ばそうとはしないのです。

人格形成をする過程で、親や周囲の承認を根本的に得られなかったために自信がもてないという人もいるでしょうし、仕事を始めてから、仕事に対する承認が得られなかったために自信がもてないという人もいるでしょう。

いずれの場合においても、部下に承認を与え能力を伸ばしていくことは、リーダーの大切な仕事だと言えます。

部下の承認欲求を満たせば主体性が伸びる

「能動的に仕事をする」部下を望むなら、まずは彼らの承認欲求を十分に満たす必要があります。

承認欲求は、誰かに頼りにされたり感謝されたりすること、自分は他の人より優れていると感じることなどによって満たされる欲求なので、彼らを「いかにして褒めるか」ということをリーダーは常に意識しなければなりません。

褒めるというと、「本心を隠しておだてる」というイメージがあるのか、「部下を褒めて育てる」のが苦手だという人もいます。

ただ、ここで忘れてはならないのは、当然ながら褒めること自体が目的ではないということです。なんでもいいから褒めればいいというわけではありません。

褒める目的はあくまでも部下の承認欲求を満たすことです。

だとしたら、部下の何を褒めればよいのでしょうか。

答えは簡単です。

本人が承認されたいと思っていることや認めてもらいたいと思っていること、そこを褒めればいいのです。

例えば、あなたが部下に作成を指示した企画書を見れば、部下なりにこだわったであろう箇所、あなたの期待に応えようと頑張ったであろう箇所が必ずあるはずです。そういった部下が「あなたに認められようと努力したこと」は言葉にして、相手に伝わるように褒めましょう。

もし、他の仕事も抱えている部下が、依頼した面倒な仕事をやり遂げてくれたなら、無理を押してやり遂げた努力や、仕事のスピード、責任感などを褒めてください。

今までにないアイデアを意気揚々と出してきた部下なら、その発想力や積極性を、チームでとことん協力し合い大きな仕事をやり遂げたなら、リーダーシップや協調性を褒めればいいのです。

いずれにせよ、部下が何を承認してもらいたいのかを、できるだけ的確に感じ取る力が必要にはなりますが、要は彼らの頑張りポイントを見極め、その一つひとつに丁寧に承認を与えることが大切なのです。リーダーからの合格印をポンポンと押していくような感覚です。

そうやって承認される経験を積むと、彼らの承認欲求は徐々に満たされていきます。そうして初めて、承認されたその能力をもっと生かしたいという欲求をもつようになります。これこそが自己実現欲求です。

つまり、部下が主体的に「次のステップに挑戦しよう」と自ら思えるのは、今までの仕事に対し、十分な合格点をもらっているからこそなのです。

「仕事なのだから満足にできて当たり前だ」と言わんばかりに、どんなに良い仕事をしても部下を一切褒めないリーダーもいますが、そういう人ほど、「あいつは受け身で、自分から進んで仕事をしない」などと文句を言ったりします。

もし、自ら進んで仕事を創り出し、自分の能力に挑戦するような姿勢を部下に求めるのであれば、リーダーであるあなたがまずやるべきことは、あなた自身も「褒め上手」になることです。

私が見てきた限り、自己実現欲求のない部下をもつ上司もまた、承認することが大の苦手なのです。

KEE'Sの話し方教室でも「部下のモチベーションを上げる話し方を教えてほしい」というリクエストを多くのリーダーの方からいただきますが、その質問に対しては、私は決まってこう答えています。

「部下の方が、あなたに言ってほしいと思っている、その言葉を相手にあげましょう」

リーダーと部下という関係だけでなく、人間関係というものは、自分よがりに、相手をこうしたい、ああしたいと考えているうちは絶対に上手くいきません。

相手が何を要求しているのか？

相手が喜ぶこととは何か？

相手目線でそれを常に洞察し、実践するようにすれば、結果的に、自分の思い通りに物事が運んでいったりするものです。

また、人というのは、一度何かを承認されるとそれに自信をもち、次からもその仕事を進んでやろうとします。

例えば、「君は人の懐に入るのがうまいね。昨日のクライアントとの飲み会、あちらの役員も君のことを気に入っていたよ」のような言い方で、「クライアントの懐に入る力」に承認を与えると、その部下はそこに自信をもち、それから先も、クライアントを喜ばせる能力を発揮することに前向きになります。

つまり、あなたが、「こうあってほしい」と部下に望むことに対して、意識的に承認を与え、自信をもたせるようにすれば、そういうふうに部下は育っていくのです。

実践トレーニング15　部下を承認する話し方

部下に簡単な仕事を依頼し、その仕事に対して承認を与えてください。

発想のヒント

★ＳＴＥＰ１
部下が承認されたいポイント（努力、人当たり、正確さ、能力、アイデア等）を、考えてみましょう。

★ＳＴＥＰ２
部下の価値観を想像しましょう。

★ＳＴＥＰ３
今回の依頼した仕事に対し、承認されたいポイントや価値観が反映されている箇所はどこか考えてみましょう。

★ＳＴＥＰ４
言葉で承認してみましょう。

なぜ、あなたはそのスピーチをするのか？

リーダーには、相手の真意を知る、承認するということと同じく、自分の真意にアクセスする力も必要です。

ただ、日々スピーチの指導をさせていただいていると、自分自身の真意にアクセスすることの難しさを実感させられます。結局私がお手伝いしているのは、スピーチを組み立てるというより、その真意にアクセスすることなのかもしれないと常々感じているほどです。

逆に言えば、自分の真意にアクセスできる人は、テクニックさえ覚えてしまえば、自分が本当に伝えたいことを、いつでも効率的に伝えられるようになるでしょう。

真意、言い換えれば、なぜ自分はスピーチをするのか？　というWHYにアクセスするための具体的な方法は、第3章ですでにお伝えしていますが、人を動かすための話し方を目指すのであれば、まず、自分が「一体なぜその話を相手に伝えたいのか」というたった一つの真意に素早くアクセスできなければなりません。

もし、自分の真意がつかみきれない場合は、「私には、話す使命がある、なぜなら……」とつぶやいて、心の中をじっくりと覗いてみてください。

余計な要素はすべて排除し、自分という人間が、大事にしている価値観や生き方、経験を通し、今、たったひと言しか言えないとすればそれは何なのか――。

心の奥底にあるその WHY こそが、あなたの真意なのです。

あなたの真意を伝えるための言葉選びにも敏感である必要があります。

せっかく、自分の気持ちがわかったのに、伝える過程で意味合いが変わってきてしまい、結局相手に十分伝わりきらなかったというようなことはよくあります。

そのようなことを防ぐために、難しい言葉を使うよりできるだけ短くシンプルで、誰でもわかる簡単な言葉で表現するようにしましょう。

私は意図的に、今時の言葉や流行の言葉を使うことがよくあります。

「スピーチトレーナーなのに、きちんとした日本語を使わないのはおかしい」と思っている人もいるかもしれませんし、「年齢にそぐわない若者言葉は使ってはいけない」と考える人もいますが、今、言いたいことにその言葉がぴったりだと感じるのなら、躊躇せず使ってよいと私は思っています。

流行の言葉や若者言葉に抵抗を感じる人は少なくないのですが、そもそも言葉は生き物です。その時代に合った、生きた言葉を使うほうが、的確に今の時代の背景や価値観を言い当てることができるのも事実です。

自分の思いを上手く伝えられない人の中には、正しい話し方、敬語や文法の使い方、そして自分を賢く見せるための難しい言葉を使うことにこだわり過ぎている人もいます。そのような表面的な問題に囚われたままでは、思いを自由に伝えることができにくくなります。

正しく話すことが目的ではありません。

目的はあくまでも自分の気持ちを相手に伝え、望ましいゴールへと導いて行くことなのです。重みのある言葉を使わなければと、気負う必要はありません。

自分の気持ちに合った言葉であれば、文法的に間違っていても、正しい日本語といえなくてもあえて意図的に使うことで、真意は伝わりやすくなることがあります。

リーダーがたどり着く、究極の真意とは何か？

とても幸運なことに、私は多くの経営者や政治家といった成功の頂点に登り詰めた方々にスピーチのレッスンをさせていただき、その方々が人生をかけて得た価値観に触れる機会を数多くもつことができました。

成功を極めた人ほど、自分の功績を華々しく語ることを望み、自信に満ちた、オリジナリティあふれる価値観を披露したいと考えるのではないか、とあなたは思うかもしれません。

実は私もそう思っていました。

だから、スピーチトレーナーとして、成功者たる威厳をいかにして引き出すかが重要だと思い込んでいたのです。

しかし、実際にお会いしてみると、世間では超がつくほどの成功者と呼ばれる方々であっても、とてもシンプルで私たちと何ら変わらないささやかな価値観をもち、時に自信が揺らぎ、自己主張することを怖がったりする、誤解を恐れずに言えば、ごく普通の人たちであることがわかったのです。

「ここまで登り詰めてきた人が、どうして？」とにわかには信じられないほど、謙虚な素顔をもっている人もいます。

周りから見ると威厳に満ちて、堂々とふるまっている人ほど、実はその傾向が強いことにも気づきました。

なぜ、そういうことが起こるのでしょう。

これは私の想像でしかないのですが、人間が生きていく上で大切なことは、実は誰にでも共通する、ごくシンプルなことなのかもしれません。

成功を目指している時は、他のものが邪魔をして気づくことができなくても、さまざまな犠牲を払い、苦い経験や失敗、辛い現実を乗り越え登り詰めた先には、それがはっきりと見えてきた結果、自分を必要以上に大きく見せる必要がないことに気づくのではないでしょうか。

この本を手に取ってくださったあなたは、ビジネスで成功するため、あるいはリーダーとして会社に貢献するために、話し方というツールを手に入れ、自分の望む方向へと人生を運んでいきたいという目的をもっているのだと思います。

もちろんそれ自体は、今のあなたの真意であり、それを追求していくことは間違いなく正しいことです。

ただ、一方で、これまで多くのリーダーたちが語ってきたことの中には、人生の成功を通して見えてくる究極の真意が込められていることも、心の隅に置いておいてほしいのです。

あなたにとって、成功の定義とは何か？

このシンプルな問いに、人生をかけて答えを出してきた先達のリーダーたちの言葉に耳を傾けると、その答えが少しずつ見えてくる気がします。

リーダーズ・スピーチ 実例11 究極の真意にたどりついた偉大なリーダーのスピーチ

〈２００５年６月　スティーブ・ジョブズ　母校スタンフォード大学でのスピーチより一部引用〉

Appleの創業者であり、スピーチやプレゼンの才能にも溢れたカリスマ的存在のリーダーだったスティーブ・ジョブズは若くして癌を患い、さまざまな治療法を試しながら闘病していました。しかし病状が深刻化した２０１１年、後継者にティム・クックを指名し、自らはＣＥＯを退任します。

ここで紹介するのは、２０１１年に56歳という若さでこの世を去った彼が、２００５年に母校スタンフォード大学で卒業生を前に行ったスピーチの一部です。

とても有名なスピーチですが、今一度、究極の真意とは何かを考えるにあたり、今世紀の偉大なリーダーが遺したスピーチを見てみましょう。

（前略）

誰も死にたくはありません。

天国へ行きたいと思っている人たちでさえ、そこへ行くために死にたくはないのです。

しかし、死は我々に等しく定められた行き先です。

誰も逃れることはできません。

そうであるべきなのです。
なぜなら死は、生命の最高の発明といえるからです。
それは、生命を変化させるものなのです。
古いものを取り去り、新しいものを生み出す。
今、あなたたちは新しいものですが、
そう遠くない日には、年をとり、淘汰されるのです。
大げさに聞こえるかもしれませんが、それが真実です。

あなたたちの時間にも限りがあるのです。
他人の人生を生きて無為に過ごさないでください。
定説に惑わされないように。それは、
他人の考えに従っているに他ならないからです。
他者の意見に惑わされて、自らの内なる声を忘れないようにしてください。
何より大切なことは、勇気をもって、自分の心と直感に従うことです。
その二つは、あなたが本当にしたいことを、もう知っています。
その他のことはとるに足りないものです。

（後略）

成功を極めた後、死に直面する経験をしたスティーブ・ジョブズが、これから社会に羽ばたいていこうとする若者に送ったメッセージは、「自分の心と直感に従う勇気をもつこと」でした。

その後、再発した癌との闘病を続けていたスティーブ・ジョブズは、2011年10月5日、56歳という若さでこの世を去ります。

一説には、後任のティム・クックに遺した最後のメッセージが存在し、そこには「人生においてやっていけるだけの富を築いた後は、もっと大切な別の何か、人間関係や夢を追い求めたほうがよい」という言葉があったと言われていますが、事実かどうかは定かではありません。

いずれにしても、何度も「死」の訪れを感じてきたスティーブ・ジョブズは、その時々に、それまでと全く違った角度から、人生の成功というものを見つめていたのかもしれません。

あなたの「人生の成功の定義」とは、何でしょうか？

THE SPEEC

第5章

“啓示”者となるリーダー

自分らしい発想のスピーチをどう生み出すか？

スピーチのテーマはいつも自分で決められるわけではありません。

「母校の卒業生代表としてスピーチをしてほしい」

「地元の商工会でスピーチをしてほしい」

「スポーツ大会でスポンサー代表として応援の言葉を述べてほしい」

あなたもこのような依頼を受けることがあるでしょう。

たとえどんなテーマを振られても、自分の価値観や経験を反映させ、さらに聞き手に何らかの気づきを与えられるような話をすることが、リーダーとして通用するレベルのスピーチです。

もし、その技術を手に入れられたら、ささいな会話の中においても、聞き手の心に、あなたの価値観や考え方、信念といったものを、自然な形で印象づけることができるようになります。

今朝新聞で読んだどこか遠い国の話題や身近でおきた事件や事故の話題、通勤途中に読んだ小説の話題、社内で目にした新入社員の立ち居振る舞いについて……。

そんな話題や出来事の一つひとつに、あなたらしい視点をふまえた、あなたにしかできないコメントができるようになっていくのです。

最近は、有識者だけでなく、さまざまな職業の人がテレビの情報番組のコメンテーターに抜擢されていますが、人気コメンテーターともなると自分の専門分野に限らず、政治や経済、国際問題から芸能人の結婚や離婚などの話題に至るまで、どんな話題を振られても、それぞれにオリジナリティのある意見を述べることができます。

彼らのように、自分とは直接関係のなさそうな話題に対して、オリジナリティのある、自分自身の意見を言うためにはどうすれば良いのでしょうか？


それは、第1章の価値観のところで書いたように話題の切り口を限定することです。

この方法は、社会問題のような普遍的な問題について考える時にも有効です。

そして、社会問題に関してスピーチする場合、主に４つの切り口からアプローチすれば、自分なりの意見が生まれやすくなります。

その一つ目が、あなたの価値観です。価値観を切り口に社会問題を語る方法を見ていきましょう。

社会問題について自分の意見を話せますか？

ミス・ユニバース世界大会の最終審査はスピーチであると、第1章でお話ししました。

そこで毎年かならず出題されるのが、社会問題に対して自分の意見を述べるスピーチです。

「人種差別は私たち人類の課題です。あなたはどうやって人種差別をなくせますか？」

「世界には貧困で飢えを経験している子どもがいます。あなたはこの問題にどう取り組みますか？」

これをたった30秒でスピーチしなければいけません。

しかも、このような問題を「どう思うか」ではありません。

「あなたならどう関わるか？」なのです。

ここで試されているのは、人種差別や貧困といった問題に対し具体的な解決策を提示できるかどうかではありません。

そもそも、たった30秒で話せるくらいの内容で、今まで解決されてこなかった人類の大問題が改善できるとは誰も思っていないのです。

この問いに対するスピーチで、審査員が探ろうとしているのは、その人がこれまでどんな経験をし、人として何を思い、何を考え、今どんな問題意識をもって生きているのか、もっと端的にいうなら、その人がどんな人間なのか、ということです。

ミス・ユニバースという美のリーダーを決めるコンペティションでもそうであるように、世界基準でいうリーダーは、社会問題を自分のことと捉え、何らかのアクションを積極的に行う姿勢を求められます。

幼少期からディスカッションやディベートの機会が多く与えられるアメリカなどと違い、日本人は、たとえ大会社の社長でも社会問題に対して意見を述べることが苦手なことが多いのが事実です。経済や政治などのビジネスに関連する時事問題には答えられても、貧困や人種差別といった人類の普遍的な課題に対する意見となるとうまく答えられないのです。多くの場合、その理由は、経営と直接関係ない話題に対し、意見は必要ないと思い、あまり考えたことがないからです。

でも実際には、リーダーとして、社会に対し広く問題意識をもっておくことはとても重要です。

では、自分と全く関係がないように思えるような問題に対して自分なりに意見をもつにはどうすれば良いのでしょうか？

自分の価値観を明らかにするワークを紹介した時にもお話ししましたが、切り口を限定しないで自由に考えようとすると、逆に答えが浮かんでこなくなることが多々あります。特に、社会問題といった大きな問題に何の切り口ももたずに挑んでしまうと、たいていどこかで聞いたことのあるようなありふれた回答になってしまいます。問題が大きければ大きいほど、回答の視点も複数あって選びにくくなるからです。問題が大きい場合は逆に、回答の視点をできるだけ小さくしましょう。

そこで、〈人徳〉を伝える時と同様、社会問題を捉える時にも使えるのが、自分の価値観という切り口に限定して考えるテクニックです。

例えば、あなたの価値観が〝家族愛〟だったとしましょう。

先ほどの「あなたはどうやって人種差別をなくせますか？」という問いに対して、〝家族〟〝愛〟という切り口で、考えてみます。

「私は、幸いひどい人種差別にあったことはありません。ただ、旅行に行くとたまに日本人に対する差別を感じることがあります。

昨年、家族でヨーロッパを旅行した時に、現地のレストランの店員さんからあからさまに冷たい態度を取られたことがありました。

その時に、12歳の娘が、『日本人は嫌われているの？』と聞いてきたので、胸が痛くなったのですが、『人は、時々、自分と違う文化をもつ人を受け入れるのが難しいのだけど、そうされると嫌な気持ちになるよね。日本に来る外国の人がそんな気持ちにならないように歓迎したいね』と話しました。

私も家族も、その出来事以来、日本を旅行している外国の人を見ると切符を買うのを手伝ってあげたりするようになりました」

人種差別という普遍的な話題に対して、身近な〝家族〟を切り口にして考えてみることができます。

その結果、あなたが等身大で人種差別に対してできる何かが表現できるのです。

12歳の娘さんと一緒に旅行客に対し親切にできる、そしてそのような考え方をもって子育てをしているというだけでも、立派に人種差別に対してアクションを起こしているではありませんか。

ボランティア活動に参加したり、人種差別反対のデモに参加したような〝すごい経験〟がなくても、あなたは十分、自分にできる活動を行っています。

自己PRをする時などもそうなのですが、よく〝すごい経験〟を探さなければネタにならないと思っている人がいますが、そんなことはありません。

もちろん、あなたの人格を形成するに役立つ〝すごい経験〟があるのなら、是非それを使ってください。ただし、自分を少しでも大きく見せるために〝すごい経験〟を語ろうとするのは、あなたらしさを伝えることとは真逆の発想です。

大切なのは、あなた自身が社会問題に対し、実際に、そして継続的に、どんなアクションを起こしているのか、です。

それがどんなにささいなアクションであったとしても、たった1回の〝すごい経験〟よりも、あなたという人間を伝えることができます。

このように〝家族〟が価値観である人は、家族に関する切り口であれば色々語る材料をもっています。

「地球温暖化に関して」とか、「貧困問題について」とか、「食糧難について」でも、家族を切り口にして考えれば、今まで自分とは関係がないと思っていた社会問題でも、身近な問題として捉えることができます。

逆に価値観に限定せず、「地球温暖化に関して」考えようとすれば、「地球にとって気候変動は深刻な問題で……世界の対策も一向に進まず……」というような、誰でも答えるようなありふれた回答になりがちです。

普遍的な話題にこそ、あえて限定的な切り口で答えるのです。

そうすれば、誰にも真似できない、あなたらしい答えが生まれます。

では、価値観が〝お金〟である場合はどうでしょうか？

お金は、一般的な徳のイメージとは反対に、欲や不正といったネガティブなイメージと結びつきやすいものです。

「お金が大事」というとお金の亡者のように思われてしまうかもしれないということを恐れ、本当は「お金が一番大事」と思っていても口に出せない人がいます。

ＮＨＫの『連続テレビ小説』を見ていた時、ちょうどそんなシーンがありました。

そのドラマのヒロインは実家が貧しく、家族に仕送りをするために出稼ぎに出ています。今下働きしている宿舎より、５倍給金のよい出版社に引き抜きを持ちかけられた時、お世話になっている今の職場か、新しい仕事のオファーを受けるか迷う中、ヒロインははっきりこう言い切ります。

「私にとってお金は大事だし、私はお金が好きです！」

そのシーンを見た時、「価値観スピーチ、ばっちりできてる！」と私は心の中で思いました。

ネガティブなイメージが付きまといやすい価値観であっても、迷うことなく堂々と言い切ることができる。それは、このヒロインが自分にとって大切なことを明確にしながら日々の人生を歩んでいるからなのでしょう。

ただ、このヒロインにとって「お金が大事」なのは、田舎の家族へ仕送りするためなので、彼女の価値観はお金そのものではなく、〝家族〟なのかもしれないとも思います。

また、結局、条件のよい職場ではなく、自分にとって大切な人がいる今の職場を選び、その経験を通し成長することを選んだことから想像すると、このヒロインの価値観はお金よりむしろ、〝愛〟とか〝自己成長〟に置かれているようにも思います。

このように、「自分の価値観はお金だ」と考える場合は、本当にお金自体が価値観なのか、それとも自己成長や成功の一つの基準としてお金を捉えているのか、あるいは、ある目的のためにお金が必要なのか、などをつきつめて考える必要があります。

先ほどの例に戻り、「人種差別に関し、あなたは何かできますか？」という話題を〝お金〟という価値観で語った場合、どんな回答が考えられるでしょうか？

「僕は、人生においてお金は大事であると考えています。お金を増やすということは、自分が人生でどの程度成功しているのかの基準にもなりますし、何より生活を安定させ、豊かにしてくれるものだからです。

お金をもつと、もっていない人をばかにしたり、自分より劣っていると見下す人がいます。

『もっているか』『もっていないか』という基準で、どちらが優れているかを比べるからです。

でもその基準は、差別する側が一方的に創り出したものであるかもしれませんしもっているかもっていないかという比べ方が、人そのものの価値までを計れるのかどうか？　という点も疑うべきです。

『人として』という基準に立って考えたとき、すべての人は平等です。

多くをもっているか、そうでないかは基準にはならないと思っています」

このように、「お金が価値観だ」と言う人だからこそ、お金に振り回されない姿勢も重要だと語ることができるのです。

自分の価値観がその話題と相性が悪そうだからといって避けることはありません。むしろ、自分が信じる価値観こそが、さまざまな話題を自分らしく語る切り口になります。

実践トレーニング16 社会問題に関して意見を言う

価値観を切り口にして、下記の問いに対するあなたの考えを話してください。

「人種差別をなくすために、あなたには何ができますか？」
「絶滅危惧動物を救うために、あなたには何ができますか？」
「深刻化する日本の貧困問題を改善するために、あなたには何ができますか？」

★STEP1

価値観ワーク（P.62）で考えたあなたの価値観（人生で大切にしていること）を3つ思い出しましょう。

★STEP2
3つの価値観を切り口にして、上記の社会問題についてあなたの意見を考えてみましょう。

＊答えが見つけられなかった問題は、日ごろからニュースを意識したり、考え続けることで答えが見えてくることがあります。しばらく時間をおいてから、再度このワークに取り組んでください。

社会問題は「置き換え法」で自分らしく語る

どんな話題に関しても、自由に語るという固定概念を捨て、価値観という切り口に限定することでかえって意見が出やすくなるということがおわかりいただけたと思います。さらに、価値観という切り口に立てば、直接自分と関係のないような問題を、あなたらしく等身大で捉えることができます。

人間の英知や技術をもってしても到底かなわないような地球規模の問題や、長い歴史を経てもなお改善されないような普遍的とも見えるような問題であっても、自分なりに考え、自分が等身大でできることを実践していくことは重要です。

先ほど、世界のリーダーには、「社会問題を自分のことのように捉え、積極的にアクションを起こす姿勢が求められている」とお話ししました。

その理由は、普遍的な問題に無関心でなく、主体的に参加していく姿勢が、「共同体感覚」をもったリーダーというイメージを創り出すからです。

この「共同体感覚」については、この章の後半でお話ししていきます。

さて、自分らしく語るスピーチを考える上で、KEE'Sでは「置き換え法」という方法をお勧めしています。

これは、自分と関係のない話題を自分に置き換えて、よりその話題への理解を深め、共感しようとする定番テクニックです。

置き換え法には4つのパターンがあり、先に紹介した「価値観を切り口にする」方法も、「自分の価値観に置き換える」という置き換え法の一つです

自分の経験に置き換える

２つめは、自分の経験に置き換えるパターンです。

このテクニックを使うわかりやすい例が読書感想文です。

例えば、

「僕が、この本で最も好きなところは、人間は自分たちの飼っている犬がどの犬なのか途中でわからなくなってしまったけれど、犬の方は大好きな飼い主を間違えずに、一目散に飼い主のところに戻っていった場面です。

人間は時々、自分のことばかり優先すると、相手を疑ってしまったり、真実が見えなくなることがあります。

僕も、学校で自分の筆箱に入っていた新しい消しゴムがなくなったとき、とても好きな消しゴムだったので、お友達がとったのかと疑ってしまったことがありました。その時……」

のように、自分の経験に置き換えることで、「一般論→経験談」つまり「客観→主観」の流れができるのです。子どもの頃に書いた読書感想文で、このようなテクニックをあなたも使った記憶があるでしょう。

置き換え法を使わなければ、ただなんとなく話の内容を要約したような読書感想文になってしまいます。

自分のことに置き換えて、同じような経験をした時のことを思い出し、主人公の気持ちをより深く感じたり、これからの行動の指針にすることができるからこそ、その人らしい本の解釈になるのです。

経験による置き換え法では、自分が同じような経験をした時の状況や気持ち、行動などを振り返って、話題に登場する人物と自分を重ね合わせます。

実体験は、話題と全く同じでなくても構いません。

先ほどの読書感想文の例でも、小説の中の「自分の飼い犬がわからなくなるほど混乱する」状況と、「消しゴムがなくなって友達を疑うほど混乱する」状況は、ぴったり同じではありません。

でも、「混乱すると分別がつかなくなる」ことは、両方に共通する要素です。

このように、似たような経験をしたことがあれば、そのことを振り返っても良いですし、どこか一部分だけが共通する経験であっても構わないのです。

社会問題など自分に関係がないような話題でも、同じような体験をしたことがある場合や、一部共通する経験をしたことがあれば、その時の自分と話題の中の人を置き換えて考えることができます。

人生経験は豊かなほど、その経験の数だけ、他者への共感力を高めることができます。

そのメリットを最大限に生かすなら、良いことも悪いことも、何かしらの出来事に遭遇した時に、その経験を通して得た教訓のようなものをまとめ、振り返ることができるようにしておくとよいでしょう。

ノートに書き留めておいても、頭の中で整理しても構いません。

その教訓は、これから先、あなたと同じような状況に陥って困っている人に、アドバイスとして伝えられるはずです。

自分の立場に置き換える

置き換え法の３つめのパターンは、自分の立場による置き換え法です。

職業、会社の中の立場、家族や友達といったコミュニティの中の役割、何かの団体に所属している場合は、その中での役割でもいいでしょう。

立場による置き換え法とは、あなたの立場と、話題の中の人の立場を置き換えることで、より理解しやすくする方法です。

例えば、「プロのスポーツ選手は年俸をもらいすぎていると思いますか？」というような問いに対し、あなたならどう答えるでしょうか？

この問題も、一見、あなたとは無関係と思われる問題です。

多くの人は、

「う～ん。我々庶民にはよくわからない世界だねえ。そのくらい稼いでみたいもんだよ」

「スポーツ選手だって一流になれば、観客動員やグッズの販売、地元への観光客誘致と、経済効果は計り知れないよね」

というような回答をします。

「よくわからないから」で適当にごまかすのは論外ですが、「経済効果を考えれば妥当」というのは、一つの意見です。ここに自分の立場による置き換え法を用いてみましょう。

「私は、小さい会社を経営しているのですが、地元のプロサッカーチームのスポンサーをしています。

スポンサーと言っても、スタジアムに小さな看板広告を出稿しているだけなのですが、おかげ様で『看板見ましたよ』と仰るお客様も増えてきました。

スポーツ選手の年俸は、たしかに一般の人からすると高く思えるかもしれませんが、波及的な経済効果まで考えると、妥当と言えるのではないでしょうか？」

このように、自分の立場を通した意見は、スピーカーが実体験を通して感じた意見として聞き手には伝わります。だから説得力があるのです。

同じく、「立場による置き換え法」で、家族における父という立場から語ってみるとどうでしょうか？

「私には、6歳になる息子がいます。日曜は公園でサッカーや野球などをして親子でスポーツを楽しんでいます。

その息子が、最近ハマっているのがラグビーです。

ワールドカップをテレビで観てから、ラグビーをやってみたいと言い出し、家の中でもトライ！　と言って走り回っています。

子どもたちに夢を与え、その子どもたちからまた、プロのスポーツ選手が生まれる。

夢を生む職種は、そう多くはありません。

プロスポーツ選手は、夢を与える職業と言いますが、『夢を与える』ことの対価として、プロスポーツ選手の年俸は高くないと思います」

自分の立場から話題を語ってみると、意外と簡単に自分の意見を語ることにつなげることができます。

これは余談ですが、KEE'Sの子どもスピーチスクールで同じ話題でスピーチさせたところ、

「僕のお父さんは、毎日朝早くから夜遅くまで働いていて、土曜にも仕事をしていてとても疲れているので僕と遊ぶ時間もとても少ないです。
それなのに、スポーツ選手より給料が安いのはかわいそうです」

など、面白い意見が多数出ました。

子どもたちは、子どもたちなりに自分の立場を通して物事を見ているのだなあと、改めて感じました。

〝想像〟して置き換える

置き換え法の最後の4つめは、想像して置き換える方法です。

立場や価値観、経験、すべて置き換える要素がないほど、自分とかけ離れた問題に関し

て考える時は、想像してみるしかありません。

「もし自分だったら、こんな時、どうなのだろう？」「もし自分だったら、どういった行動をとるのだろう？」などと自分と話題の人物を置き換えて想像してみましょう。

すると不思議なことに、まったく共通点がないと思っていた話題が、気が付かないところで自分の経験や立場、価値観に結びついていくことがあります。

先ほどの「スポーツ選手は年俸をもらいすぎているか？」という問いに、想像による置き換え法を使うと、どんな答えになるでしょうか？


「プロ選手の年俸は、時に高すぎ、時に低すぎる、と思います。

私は、大学生までサッカー部でした。

学生時代は国体にも出たりして、プロになることを夢見ていましたが、そこまでの実力はなく、今の会社に就職しました。

今でも時々思います。

もし、その時にプロサッカー選手になっていたらどうなっただろうか？

もしかしたら、豪邸に住んで、かっこいい車に乗って華やかな人生を送れたとしても不安は付いて回ると思います。

プロ選手の年俸は高額ですが、良い面ばかりではありません。

プロ選手も、人生を通じて、安定的に収入を得られるような制度を導入してもよいのではないかと思います」

かつてスポーツをしていた人ならこのように、「もし自分がプロ選手になっていたら？」「あの時に戻って、プロ選手になれたとしたら？」と想像し、今の自分の価値観と比較してみるのも良いアイデアだと思います。

また、年俸は高い、低い、どちらかではなく、時に高く、時に低いと両方を選択する方法も、両方を選択する理由をきちんと述べていれば、面白い答えになり得ます。

実践トレーニング17 オリジナリティのある切り口で話す

下記の問いに答えてください。
「インターネットで提供される情報が、子ども達に与える影響についてどう思いますか?」

発想のヒント

以下のいずれかの方法を試してみましょう。

1　自分の価値観という切り口で考える。
2　自分の経験に置き換える。
3　自分の立場を通して考える。
4　自分だったら……と、想像してみる。

リーダーズ・スピーチ 実例12

自らの経験、価値観を元にした強力なメッセージ

〈２０１３年７月　マララ・ユスフザイ　国連でのスピーチより一部引用〉

武装勢力パキスタン・タリバン運動（ＴＴＰ）が恐怖政治を展開するパキスタン北部のスワート渓谷で育ったマララ・ユスフザイさんは、自らのブログで、匿名で女性の教育や平和を訴えていました。その活動をうけ、パキスタン政府から「勇気ある少女」として表彰された彼女は一躍世界的な注目を浴びました。

その結果、武装勢力から命を狙われる事になり、２０１２年、スクールバスに乗っていたところを襲撃され、頭部と首に2発の銃弾を受けます。

これは奇跡的に一命をとりとめ、回復した彼女が演壇に立った時のスピーチです。

親愛なるみなさん、２０１２年10月9日、タリバンは私の左の側頭部を銃で撃ちました。私の友人も撃たれました。彼らは銃弾で私たちを黙らせようと考えたのです。でも、そうはなりませんでした。そのとき、沈黙の中から、数えきれないほどの声が上がったのです。テロリストたちは私たちの目的を変え、志をくじこうと考えたのでしょう。しかし、次のものを除いて、私の人生で変わったものは何一つありません。私の中で弱さ、恐怖、絶望が死にました。そして、強さ、力、そして勇気が生まれたのです。

私はこれまでと変わらず「マララ」のままです。そして、私の志も変わりません。私の希望も、夢も同じです。

親愛なる兄弟姉妹のみなさん、私は誰にも抗議していません。タリバンや他のテロリストグループへの個人的な復讐心のために、ここでスピーチをしているわけでもありません。私がここで話しているのは、すべての子どもたちの教育を受ける権利を主張するためです。タリバンおよび、すべての過激派の息子や娘たちにも教育を与えてほしいです。

私は、自分を撃ったタリバン兵士さえも憎んでいません。たとえ私が銃を手にし、彼が私の前に立っていたとしても、私は彼を撃ちません。

これは、私が預言者モハメッド、キリスト、ブッダから学んだ慈悲の心です。これは、マーティン・ルーサー・キング、ネルソン・マンデラ、そしてムハンマド・アリー・ジンナーから受け継がれた変革という財産です。

これは、私がガンディー、バシャ・カーン、そしてマザー・テレサから学んだ非暴力という哲学です。

そして、これは私の父と母から学んだ「許しの心」です。これは、私の魂が私に訴えてくる事なのです。「穏やかでいなさい、すべての人を愛しなさい」

このような体験を通してもなお敵を憎むことなく、自らの志を掲げ続ける16歳の少女を世界中が賞賛し、２０１４年マララさんは、史上最年少でノーベル平和賞を受賞します。

もし、私たちが、彼女と同じ経験をしたとしたら、同じようにいられたでしょうか？

傷つけられてもなお、強く、正しく、優しくいられたでしょうか？

それは、彼女自身が人生を通して築き上げてきた経験や価値観がそうさせるものです。

「慈悲」「非暴力」「許しの心」このような価値観がマララさんの心に訴えかけてくると彼女自身が語っています。

価値観を貫き、自分らしく人生を歩む姿を教えてくれる名スピーチです。

話題作りノートの作り方

とっさのスピーチで話せないのは、ずばり、普段考える時間が少ないからです。

「話す時間になって考えるのは時すでに遅し、考えるのは普段です」と私は生徒さんによく言います。

突然スピーチを振られて絶句してしまうのは、日常的にふれているはずのニュースや情報について、特に考えることなくそのまま見過ごしている証拠です。

話そうと決めてから考えるのではありません。

リーダーであれば日常的に考えておかなければとっさの場面で話すことなどできないのです。

しかも、考えるだけでなく、どう表現するか、言語化しておく必要があります。

そこで、私が皆さんにお勧めしているのは、「話題作りノート」を作ることです。

これがあれば、たとえとっさにスピーチを振られた場合でも、何をどう話すか？　といった話題の選択がスムーズになります。

ノートは見開き単位で使います。（P.302のイメージ図参照）

左側のページには、テレビやネット、新聞などで見たニュースや、本で読んだこと、自分の経験などで心に残った話題を書き留めます。気になったニュースの記事をスクラップして貼り付けておけば、数字やデータなどの情報も使えるのでとても便利だと思います。

次はその下に、自分なりの意見を書きます。ここまでお話ししてきたような、「自分に置き換える」方法を使えば、自分なりの結論（メッセージ）も見出せるので、自分とは無

▪ 話題作りノート

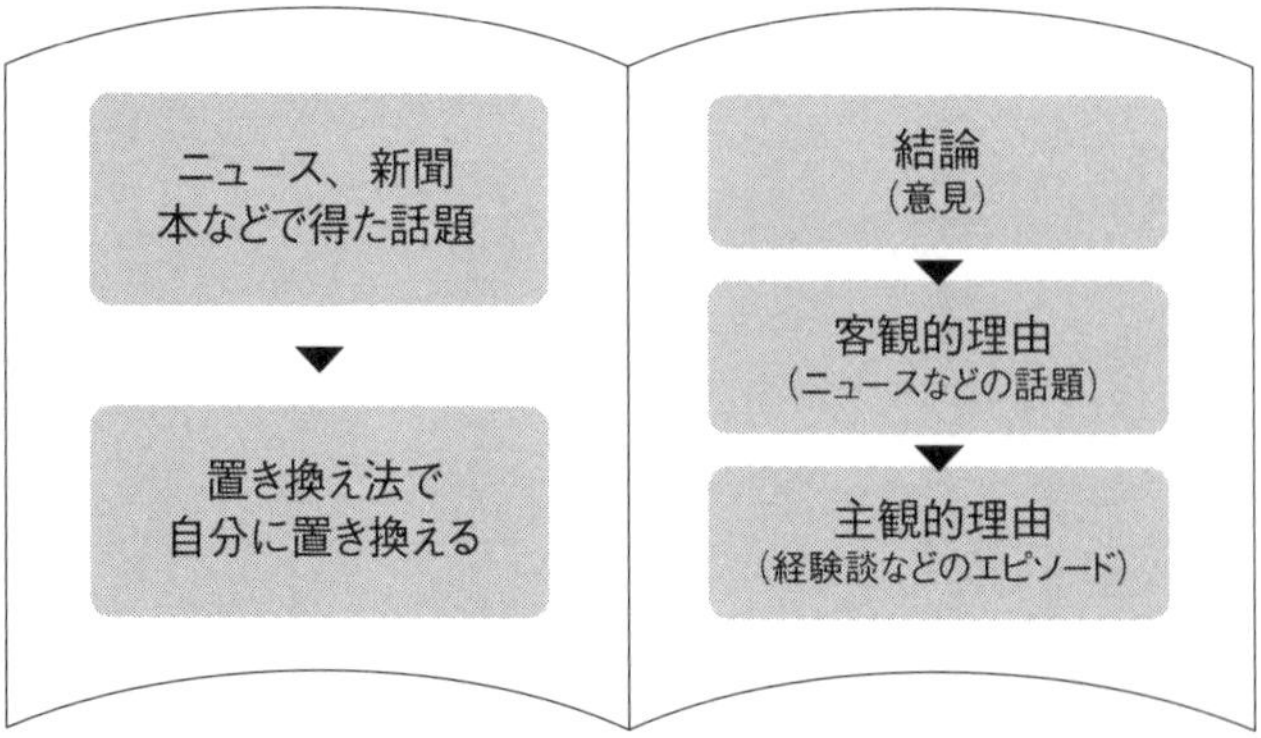

関係のように思えたニュースでも「語れるニュース」になっていきます。

ここまで要素が揃ったら、ノートの右側でロジカル・スピーチを組み立てます。

最初のボックスには、結論、メッセージを当てはめます。そして次のボックスには、なぜそのような意見をもつに至ったかの具体的理由、つまりニュースや本、経験から得た情報を書き入れます。

そして、最後のボックスには、もう一つの論拠としてあなた自身に置き換えたエピソードを入れましょう。置き換えの方法は、すでにご紹介しましたね。ニュースを、価値観や立場、経験、想像といった方法を使って主体的に考えます。

これで、結論を支える理由を主観（意見）と客観（ニュースなどの話題）の二本立てにする構成ができ上がります。

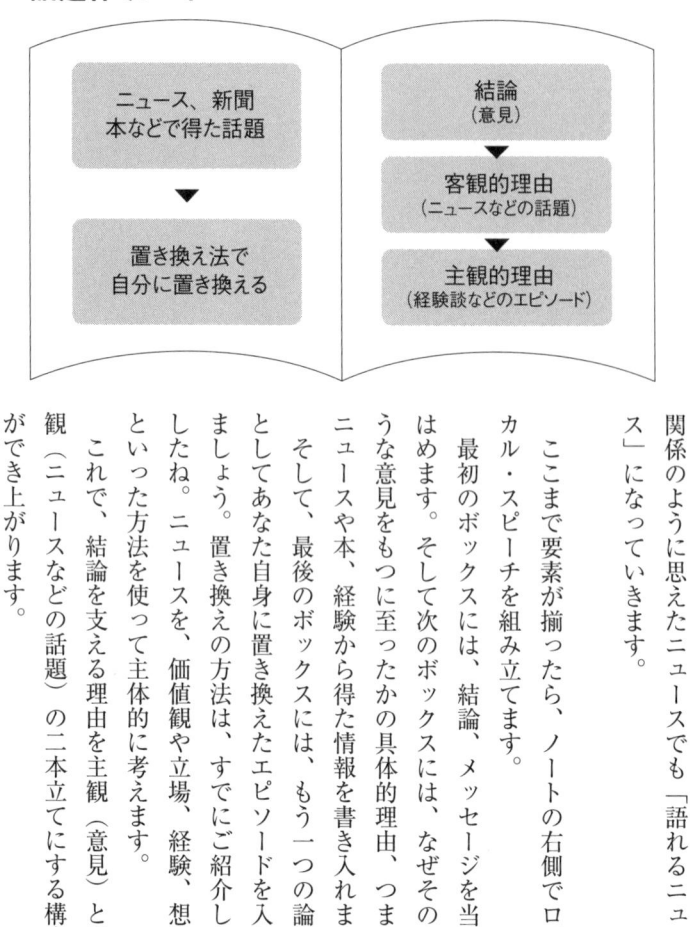

要するに、ニュースで見た話題に対し、あなたも同じような経験をしたことを挙げ、その2つから気が付いたことをあなたの意見とする構成です。

このような話題作りノートがあれば、語れる話題はどんどん蓄積されていきます。しかも取り出しやすい形で整理されているので、何かスピーチを頼まれた際に、ここから使えそうな話題をすぐにピックアップすることができます。話題の引き出しは多いほど良いと言われますが、その情報と自分の考えが整理されていなければ、いざというときに使うことはできません。

すこし面倒な作業ではありますが、自分はどんな考え方をもった人物なのかを客観的に整理でき、パーソナリティを分析する機会にもなりますので、ノートが1冊終わるまでやりきるなど、期間を決めて取り組んでみてください。慣れてくれば、いちいちノートを書かなくても、スマホのメモ欄に要点を書き込んでおくだけで、頭の中でロジックボックスに当てはめられるようになり、その場でスピーチが構成できるようになったりします。

実践トレーニング18　話題作りノートを作る

話題作りノートを作ってみましょう。

STEP1　ニュース、新聞、本、経験などで心にのこった話題を書き留める（切り抜きを貼る）。

STEP2　自分に置き換えて考える（価値観、経験、立場、想像）。

STEP3　メッセージを考える。

STEP4　ロジックボックスに要点を書き入れる。

STEP5　実際に話す練習をしてみる。

リーダーには、「話す使命」がある

私が話し方を指導する会社を立ち上げたのは2005年のことでした。
当時、日本の経済はまだまだ好調で、家電製品などを中心に、日本製が世界基準といった分野も少なくなかったと記憶しています。

そんな中で、私は企業のトップの方々に「話し方を学びませんか？」と営業をし始めたわけですが、話し方の技術を必要としている人はアナウンサーくらいで最初は全く相手にされませんでした。

「話し方など下手でも技術力さえあれば十分だ」

「話が多少下手な方が、朴訥とした良さがある」

そういう理由で断られ続け、会社に勤めていた頃に貯めていた貯金は減るばかり。周囲からは、「いったい何か月もつのだろう」と、同情の目で見られていたものです。

でも私は心の中で「この方々は、話すことが苦手で嫌だから、それを何とかして回避しようとしているのだ」と自分を正当化していました。

生意気にも「社長には話すという使命があるのに、そのことに気が付いていないだけだ」とも思っていました。

その後、リーマンショックを経て、景気は一気に冷え込み、時代は急激にグローバル化を加速させました。今まで国内企業だけを意識していた日本企業は外国の企業と闘わなくてはならなくなったのです。

プレゼンで対抗する相手も外国人、上司が外国人、指揮をとらなければいけないプロジェクトのために海外に駐在し、工場のスタッフは全員、文化も知らない国の人々……という状況に多くの人が直面しました。

シャイであることを言い訳にせず、誰にでもわかりやすく話すことや人前で堂々と主張することがシビアに求められるようになったのはこの頃からです。

ちょうどその頃、ソニーの元社長である出井伸之さんにお会いする機会がありました。自己紹介がてら、日本のリーダーに話し方をトレーニングする会社を経営していることをお話ししたところ、「日本の社長は、もっとスピーチ力を磨く努力をすべきだ」と、私にエールをくださいました。

中でも、

「社長は、卵の中身、会社は卵の殻だ。会社があってこその社長ということに、会社がなくなって初めて気が付く人が多い」

という言葉は、今でも私の記憶の中に残っています。

社長は卵自体ではなく、卵の中身。

だからこそ、主観はひとまず置いておき、会社のために語るべき使命があるのであれば、苦手でも、朴訥とした個性を捨ててでも、スピーチ力を磨き、きちんと説明できるようにすべきだと、出井さんは教えてくださったのです。

エグゼクティブスピーチを学ぶ人の中には、今まで、話すことが苦手で人を導く立場を避けてきた、という方も珍しくありません。

とてももったいないことだと思いますが、気持ちはよくわかります。

なぜなら話すことはとても怖いことだからです。

自分がどういう人物で、どういった人生を歩み、どのような価値観をもっているのか？

ありのままの自分を相手に披露し、その評価にさらされるのです。

すべての人が自分の意見に合意してくれるなんてことはなく、誰にも嫌われないという夢のようなこともありません。

スピーチをしている最中に大失敗をして、「あの人はリーダーに相応しくない」なんていう評価を受けるリスクさえあります。
スピーチとは、よく知らない相手に自分自身を包み隠さずさらすようなものなのですから、怖くないはずはありません。

けれども、リーダーとして語る使命があるのであれば、主観を捨て恐怖心に打ち勝ち、演壇に立たなければいけません。スピーチがあなたにとってどれほど怖いものであっても、です。

誰にとっても怖いものだからこそ、果敢に挑むあなたを人々は尊敬します。その姿勢こそが、あなたを真のリーダーにしてくれることを忘れないでください。

話し方を極めたリーダーが目指すもの

KEE'Sには、エグゼクティブスピーチというコースがあり、国政や経済を担うトップ層の方々など、人を牽引する立場にいる方々が受講されています。

もともと話すことを専門的に習った経験がなく、組織を動かす上で、話し方を武器にしたいという目的でいらっしゃる方が大半です。12回のコースを修了する頃には、どんな方でも基本的な技術を習得し、とっさに振られたスピーチや難しい話題に対するスピーチも難なくこなせるようになってきます。

そして、当初の目的であった、話すことで人を説得したり、意図する方向に相手の心を動かすことができるようにもなります。

話す技術を自由自在に、自分の目的達成のために使いこなすことができるようになっていくわけです。

話し方の技術としては、もうその時点で目的は達成されています。

けれども、長くトレーナーを務めていて気がついたことは、話し方を極めたリーダーほど、そこで満足してしまわずに、さらなる高みを目指すということです。

このレベルに至った多くの人は、話す技術を習得できただけでは満足せず、「聞いている人を導くような話がしたい」というさらに先の目的をもち始めるのです。

「聞いている人を導く」というのは、「話すことで人を説得すること」「意図する方向に相手の心を動かすこと」と似ているように思えるかもしれませんが、同じではありません。

「相手のモチベーションを上げたい、奮い立たせたい」

これはあくまでも話し手の欲です。

このような目的は、ここまでお話ししてきたような、「話すことで人を説得する」「意図する方向に相手の心を動かす」テクニックの一部です。

一方で、

「モチベーションを上げることで、部下が仕事を楽しめるようになって欲しい」

この場合は、〝話し手の欲求〟によるものではなく、目的は〝相手の利益〟です。

このように相手にとって利益となることを語ることこそが、「聞いている人を導く」と言えると思います。

「相手を自分の思うように動かす話し方」と「相手のためになる話し方」というのは、側から見ると同じように見えることもあります。けれども、思いのベクトルが自分に向いているか、相手に向いているかの違いがあるのです。

会社の総会で、社長が社員の功績を褒めたたえ、会社が一丸となるようなスローガンを交えたスピーチをする場合、そこには「来年度はさらに売り上げを伸ばすため」という目的があります。

部下からの悩みを打ち明けられたリーダーが、内心では「そんな小さいことに付き合ってられるか」と思っていたとしても、きちんと話に耳を傾け、励ましの言葉やアドバイスを与えて、「またいつでも相談に乗るよ」と言うのは、「組織内コミュニケーションを滞らせないため」という目的があります。

妻が落ち込んでいる夫を見て、「あなたの能力を評価できない会社なんて見る目がないわね」と言って励ますことも、夫が妻に、「夕飯は適当でいいよ。作るのが面倒なら外で済ませるから」と言って家事から解放することも、「夫婦関係を円滑にするため」という目的があります。

ここであげた「目的」の主体はどれも話し手にあります。

つまり、ベクトルは自分に向かっているのです。

もちろん、相手を思いやる気持ちももってはいますが、「〜のため」という目的を自分で作ってしまった時点で、そのコミュニケーションのベクトルは自分に向かうことになります。

しかし、これはある意味当然です。そもそも「相手を自分が意図したように動かす話し方」というのはこの本のテーマでもあったわけですし、ここまでお伝えしたテクニックも、まさにその目的を果たすためのものです。

けれども、そのようなテクニックを習得し、話すことで相手を自分が意図したように動かせるようになった人は、それを続けているうちに、今度は、自分のため、という意識を一切排除し、相手のためだけを思って話したいと思うようになります。

「情けは人のためならず」ということわざがあります。

ご存じのようにこれは、人に情けを掛けると、その相手から恩を返してもらうことになり、結局自分のところに返ってくるという意味です。

話し方も同じで、最初は自分のために行っていた「相手を思いやった話し方」が、相手にとって真に利益となるものであったとしたら、最後はあなたへの好意として返ってきます。

それを繰り返しているとなぜか自然と、同じことを最初から相手のためだけを思って行えるようになっていくのです。

もともとスピーチが苦手な方にとっては、自分のスピーチが相手の利益になるなんて信じられない話かもしれませんが、私はそういうリーダーの方々をたくさん見てきました。

最初は自分の成功のために行っていた「人を動かす話し方」が、相手、さらには社会にとって真に利益をもたらすものに変わっていくにつれ、社会はあなたに感謝します。その感謝を受け取ったときあなたは、それがリーダーである自分の本当の使命だったのだと気づくでしょう。

そのようなリーダースピーチが目指す最終目標について、今からお話ししましょう。

リーダーは〈啓示者〉である

自分が手に入れる成果や、自分に対する評価から離れた場所で、相手に与える成果だけを考え、メッセージを発信する――。

それがリーダースピーチの目指す最終的な目標であるとすれば、リーダーは啓示者です。

啓示者とは、宗教的な意味で使われる言葉で「神からの意思を人に伝える役割をする人」のことです。

トップに君臨する人達は、優れた能力や人格をもち、普通の人が知り得ない数々の教訓を、その経験や立場を通して知ることができます。

それが神様から与えられたギフトだとすれば、その教訓を自分だけのものにせず、後に続く人たちに伝えていくというのもまた使命なのです。

頂上に登り詰めたリーダーだからこそ知り得ることを、人の人生を豊かなものにするためのメッセージとして、神の代弁者である啓示者は伝えなければなりません。

そして、その結果、自分ではない誰か、地域や社会や、地球の未来がより良いものになっていくように導くのが、リーダースピーチの最終的な目的です。

人間の基本的な5欲求に関してお話しした際に、アブラハム・マズローの名前を出しましたが、マズローは、自己実現を成し遂げる人々は、自分は社会とつながっているという「共同体感覚」を強くもっていると主張しました。

そして、共同体感覚をもつ人は、社会に貢献するという価値観をもち、仕事を通してそれを実現しようとするものであるとしています。

彼らが献身している仕事は、本質的価値の化身ないし権化として理解することができるように思われる。仕事は、これらの価値を具体的なものにするがために愛される。つまり、最終的に愛されるのは仕事そのものよりもむしろ、それらの価値なのである。（アブラハム・マズロー「人間性の最高価値」／『マズロー心理学入門：人間性心理学の源流を求め

て』中野明著　アルテ）

生まれつき、こうした共同体感覚が強く、他の要素においてもリーダーの資質のある人は、仕事を通して自分の能力を開花させ、社会に貢献するという自己実現を、誰から教わらなくても自然に目指すのかもしれません。

反対に、最初は自分のために頑張ってきた仕事が、顧客に感謝され、社会に貢献しているのだという意識が芽生え、最終的にそれが自分の使命なのだと理解する人もいるでしょう。


確かに、他者への貢献＝自己実現ととらえ仕事をする人が増えると、組織、社会はより健全に相互作用するでしょう。

マズローによると、自己実現を達成し、自分の価値を知っている人は精神的にも健康であるとされています。


そう考えると、リーダーには、部下が他者への貢献＝自己実現と感じて仕事に取り組めるようにメッセージを伝えていく使命があります。

そのためにはまず、あなた自身が、仕事を通して実現したい「本質的価値」を、自分の言葉で語れるようにしておく必要があるでしょう。

リーダーズ・スピーチ 実例13 自己実現の先にある価値を語ったスピーチ

〈2007年　ビル・ゲイツ　ハーバード大学卒業講演「世界最高学府ハーバードに求められる責務」より一部引用〉

ここで、Microsoft の創始者であるビル・ゲイツが母校ハーバード大学の卒業生に向けたスピーチをご紹介します。啓示的スピーチをするトップリーダーは多くいますが、中でもビル・ゲイツは社会貢献活動に非常に力を入れています。そして、世界中で社会貢献に対する講演を行いながら、「身の回りで起こっていること」「心が響いたこと」から楽しんで取り組めば、誰にでも社会に役立つ活動ができるというメッセージを伝え続けています。「共同体感覚」を強くもったリーダーは、これから自己実現を成し遂げるであろう将来のリーダーたちに向けて、成功の意味をどう語ったのでしょうか。

ハーバード・ファミリーのみなさま、ここには今、世界でも有数の知的才能が集まっています。「何のために」でしょうか？

ハーバードの教授、卒業生、学生、そして後援者の皆さまが、世界中の人々の生活を向上させるために尽力してきたことに、疑問の余地はありません。しかし、私たちはもっと何かできるのではないでしょうか？　ハーバードの名前を聞いたこともない人々の生活を向上させるためにも、ハーバードの知能をささげることができないでしょうか？

(中略)

私がハーバードに入学したとき、誇りに満ちていた私の母ですが、「他人のためにもっと何かをしなさい」と常に私を後押ししていました。

私が結婚する数日前、婚礼イベントを催した母は、結婚について妻メリンダ宛に手紙を書き、それを読み上げました。当時、癌であった母の体調は非常に悪かったのですが、母はもう一度、自分の想いを伝える機会を得たのです。手紙の結びには「多くを与えられた人は、多くのことを期待されます」とありました。

ここにいる私たちが与えられてきた才能、特権、機会などを考えると、世界が私たちに期待する権利は無限といえます。

この時代の有望さを考えれば、ここにいる卒業生全員に、複雑な問題、深刻な不平等といったひとつの問題に取り組み、その専門家になることを強く勧めます。もしそれを自分のキャリアの中心にすることができれば、それは素晴らしいことです。

(中略)

あなたたちは私たちが持っていた以上のものを持っています。あなたたちはすぐに問題に取り掛かり、それを長く実行し続けなければいけません。そして30年後、あなたたちがここハーバードに戻り、自分の能力、エネルギーを使い何を達成したかを考えてくれることを望んでいます。
あなたたちが仕事で成果をあげることだけではなく、どれほど世界の不平等について取り組んだか、人類であること以外まったく共通点のない別世界の人をどれほど大事に扱ったか、ということに基づいて自分自身を判断してくれることを願います。
健闘を祈ります。

「人類であること以外」まったく共通点のない人であっても、どれだけその人たちのために自分の能力を発揮し、その人々の幸せに貢献できたかを、成功のものさしにすることが大切だと、ビル・ゲイツは語っています。

このことと同じように、スピーチの成功は聞き手の反応が教えてくれます。
聞き手の役に立てたかどうかだけが、あなたのスピーチの価値を決めるのです。

スピーチの技術を手に入れれば確かに、自分の印象を高めたり、コミュニケーションを円滑にしたり、願いを実現したりする手助けになります。

でも、リーダーが啓示者であるのであれば、その素晴らしいツールを手に入れ、それを使って、リーダーのあなたがもつ人生の知恵を少しでも、ご自身の部下や、後輩や家族、あなたが大事にしている人を導くために使っていただきたいのです。

私は、スピーチの技術をリーダーのみなさんに伝授することしかできません。

その技術を使って、世の中の人々を豊かにできるのは、他でもないあなた自身なのです。「話す技術を習得する醍醐味はこれだったのか」と一人でも多くのリーダーに気がついてもらえるようにという思いをもって、私はスピーチトレーニングをさせていただいています。その思いはこれからも変わりません。

この本をここまで読み進めてくださったあなたにも、誰かのために話すことを今日から、始めていただけることを願っています。

あなたこそが、誰かにとっての〈啓示者〉となるのです。

巻末付録

KEE'S流
話し方
メソッド

この本では人を動かすためにリーダーとして「何を話すのか」について主にお話ししてきました。

しかし同時に、それを「いかに話すのか」も同じくらい重要です。

つまり、「どんな内容を話すのか」のみならず、「どんな順序で、どんな言葉を使って、どう暗記し、どう発表するか」というところまでを含めたものが、話し方のテクニックなのです。

古代ギリシアでは、文章や話すことを通して、相手に的確に主張したいことを伝えるためのレトリックという教養がありました。レトリックには「発想・配置・修辞・記憶・発表」という5部門の基礎の教養科目があり、この中の「発表」にあたるものが、今で言う発声・発音・ジェスチャーといった話し方の基本技術になります。

今も昔も、話し方の技術を体系立てて学ぶ時に必要とされる科目はそう変わりません。時代に応じて、使われなくなったものは淘汰され、また新たに必要とされる技術が追加されることはあっても、基本的には古代レトリックの5部門が、何千年も踏襲され続けている話し方テクニック習得の王道メソッドといって良いでしょう。

やはり話し方技術を完成させるためには必須要素ですので、ここでも簡単に紹介させていただきましょう。

1　発声や発音について

言葉は気持ちを、声は感情を伝えます。

どちらか一方だけでは、あなたの思いは十分に伝わりません。

赤ちゃんは、おぎゃ～と泣くだけで、「おむつを替えて」「お腹がすいたよ」「眠いよ」「さびしいよ」と伝えますが、お母さんは声を聞いただけで、何を訴えているのかなんとなく感じ取ったりするものです。

言葉にしなくとも、不快である感情が伝わり、状況から何を訴えているのか推察できるのです。


声が感情を伝える例はほかにもあります。

良いことがあって、心がウキウキしているような時、声のトーンは上がり、口角が上がるので発音も明るくなります。

嫌なことがあって、心がぎすぎすしているような時、声のトーンは下がり、口角が下がるので発音が暗くなります。

顔と同じように、声にも表情があります。

そして、声の表情と顔の表情、心のテンションはすべてつながっています。

あなたの感情は声を通して伝わり、時には相手の感情にまで影響してしまうことがあるので、上手にコントロールする必要があります。

このことはつまり、声のボリュームやトーン、テンポなどを自由にコントロールすることができれば、相手に与える印象をもコントロールできるということでもあります。

例えば、声のトーンとボリュームをx軸、y軸に見立てて声の印象をプロットしていくと、声のもつイメージを表にして表すことができます。

実際には声の質やテンポ、発音といった、他の要素も加わって声の印象が決定しますが、まずはざっくりと、自分のもっている声がどんなイメージで相手に伝わるのかを認識するには声のトーン（高さ）とボリュームを基準にしましょう。

一般的に声のトーン、ボリュームを基準に考えた時、声は高い程、若く元気なイメージがあります。また、性別で言うと女性的なイメージになります。

なぜかと言うと、声は年齢が若いほど高く、歳をとるにつれ低くなっていくからです。声帯は筋肉で動かしますので、筋肉が衰えると自在に高音を出すことが若い時より難しくなってくるのです。

また、男性より女性の方が声が高いので、男性でも声の高い人はいわゆる、男らしいというよりは、中性的なイメージをもたれやすいです。

適度に高い分には良いのですが、高すぎる声は、幼稚な声と捉えられたり、甲高く耳障りになったりします。

よく、裏声で発音するコールセンターのオペレーターやアパレルショップなどの店員さんの話し方が、「嘘っぽい」と言う人がいますが、嘘っぽいと聞こえるのは、地声を通り過ぎ、裏声で話してしまっているからです。

実際に、知人と会話をするときなどは、裏声で会話をすることはまずないでしょう。

裏声は、本音と違う、通常の会話と違う、と相手に感じさせてしまうことから、嘘っぽいイメージがつきます。

反対に、声が低い場合、相手にはどういうイメージで伝わるのでしょうか?

声が高い場合と反対に、声の低さは、落ち着きや強さをイメージさせます。

なぜかというと、一般的に声は年齢と共に低くなっていくからです。だから声が低い人には思慮深く、落ち着いているイメージを抱きやすくなるのです。

また、一般的には女性よりも男性のほうが声が低いので、男性らしさからイメージされる、強さ、ダイナミックさのようなイメージにもつながります。

ただし、低すぎる場合は、落ち着きというイメージが行き過ぎて、暗いというイメージになってしまったりします。

強さ、ダイナミックさという良いイメージも、声が低くなりすぎると、脅されているような恐怖感にもつながってしまいます。

一方、声のボリューム(大きさ)が与えるイメージはどうでしょうか?

声は大きい方が、エネルギッシュに、小さい方が優しいイメージになります。

これも、人間が経験則的に抱くイメージです。

概して、体が大きく体力があり、いわゆる体育会系のような体格の人は、そもそも声が響きやすい体格をしていますし、肺活量が大きいので大きい声が出やすいです。

逆に、体が小さく、細い体格の人は肺活量も少なく、声が小さいことが多いです。

もちろん、体が大きくても声が小さい人や、体が小さくても声が大きい人がいますので、すべての人があてはまるわけではありません。

あくまで、経験則に当てはめて、声を聞いて私たちが決定しているイメージなのです。

ですから、体が小さいのに声量たっぷりで歌うチビッ子民謡歌手を見た時に、「小さい体のどこからそんな声が出るのだろう」と驚きますし、プロレスラーのような人が、蚊の鳴くような小さな声で話すと、「見た目によらず優しそうな声ですね」という反応になります。

新人社員研修で大きな声であいさつすることは、社会人の第一歩と教えられますが、仕事をするならエネルギッシュな相手としたいと誰もが思うからです。

逆に泣いている子どもがいて励ます時に、大声で話しかける人は少なく、声をおさえて、ささやくようにやさしく話すはずです。

このように声のトーンやボリュームには、相手に与えるイメージがあり、我々はそのイメージを経験則から作り上げています。

本来のあなたがどんな性格で、今どんな心境であったとしても、声のトーンやボリュームを相手に与えたいイメージ通りに使い分けることができれば、自分の印象を好きなように演出することができるのです。

また、声のトーンとボリュームは組み合わせによってもその印象を変えます。

例えば、プレゼンで競合他社に勝つために、「フレッシュでかつ信頼感のある印象」を与えたいとしましょう。

フレッシュというのは、若さ、新しさと似ていますので、声のトーンは高めです。しかし、高すぎてしまっては逆に信頼感のある印象、つまり大人の落ち着きを感じさせることができません。

ですので、声のトーンは高くなりすぎないように注意し、いつもの自分の声より少し高いくらいのトーンがよいでしょう。

では、声の大きさはどうでしょうか。

フレッシュさ、若さをイメージさせるのは大きい声です。

信頼感を抱かせるのもまた、不安のないハッキリとした大きい声です。

ただし、大きすぎると威圧感や恐怖感を与えてしまいますので、相手が何名なのか、部屋の大きさはどのくらいなのかなどを考慮し、相手が心地よく感じるくらいの「はっきりと聞こえる声」がよいでしょう。

声のトーンやボリュームはＴＰＯに応じて使い分ける必要があり、自分ではわかりにくい場合もあります。

実際に話してみてスマートフォンで自撮りをしてみたり、身近にいる人に聞いてもらいＴＰＯに合っているかを確認してもらうことをお勧めします。

トレーニングをしていて感じることは、自分では大きすぎると感じる声でも、聞き手にとってはちょうどよい声であったりするということです。

普段の話し方に慣れていると、最初は少し変えただけでも違和感を覚えるかもしれませんので、状況に応じて適切な声のトーンとボリュームはどの程度なのか、客観的にアドバイスをもらったほうが改善しやすいでしょう。

2　抑揚、間、表現方法について

スピーチが一本調子でつまらない、話していると、どんどん早口になる、面白みがなく聞き手を飽きさせる……。

そういう悩みがある場合、「自分の話が面白くないのでは？」と思い込むことが多いのですが、内容を疑う前に、表現方法についても見直してみましょう。

ある音楽関係の会社の社長さんが、エグゼクティブ・スピーチのコースを受講されました。

その方の課題は、普段は面白い人と言われるのに、大勢を前にするとなぜか「面白いスピーチができない」というものでした。

実際にスピーチしていただくと、内容はとても面白いのに、「え～」という口癖が多く、淡々と説明するように話されていました。

そこで、まず抑揚という表現方法をお教えしました。

抑揚とは、音の高低差です。

一本調子でダラダラと聞こえてしまう話は、抑揚がなく、まるで平坦な何もない道を延々と歩いているような感覚に陥ります。

テンポが単調で、話が長くなると、聞いている方は眠くなってしまいます。

せっかく面白い話をしているのに、話し方に高低差がないだけで、その面白さが伝わらなくなってしまうのです。

反対に、抑揚をつけると、アップダウンのある道を歩いているのと同じなので、聞き手は変化を感じて退屈しません。

ジェットコースターのように高低差と強弱、緩急をつけて話せば、聞き手のワクワク感をも引き出すことができます。

この社長さんも抑揚をお教えしたとたん、さすが長年音楽業界で数々の歌手の声を聞きなれていた方なので、見事に高低差を利用して面白みのある話し方ができるようになりました。

優れた歌手も、高い声と低い声、幅広い音域をもって表現できます。

ご自身の話し方が単調だと感じる場合は、まず、声の高低差を付けてみてはいかがでしょうか。

高低差を付ける場合は、2つのパターンに分けて考えます。

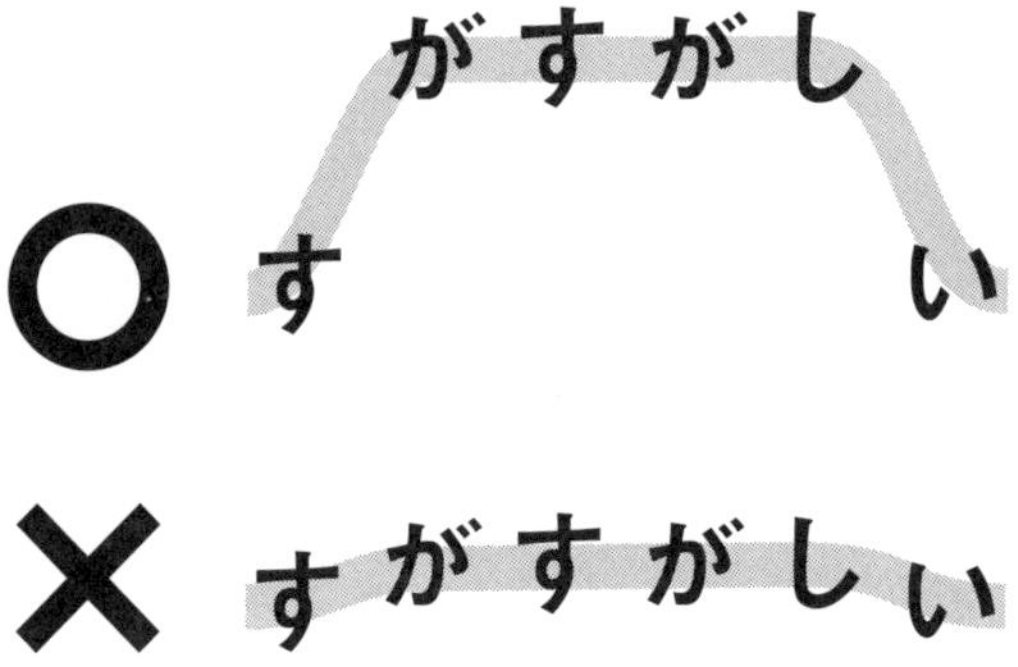

1つは、単語の音ひとつひとつに高低差を付ける。
2つ目は、文章全体を考えて抑揚を付ける。
単語の音ひとつひとつに高低差を付けるパターンですが、例えば「すがすがしい」という言葉であれば、単語の中で音の高低差をつけると、生き生きと聞こえ、高低差が少ないと平坦で一本調子な印象を与えてしまいます。抑揚は言葉を躍動的に伝える効果があります。
また、高低差を付けるだけでなく、「すがすがしい」という言葉の意味を表現するつもりで、感情をこめて読むとさらに表現力がアップします。

次に文章全体を考えて抑揚をつける場合ですが、抑揚をつける箇所は、ずばり強調したい箇所です。

話が平坦に聞こえてしまう人の話し方には、大事な箇所の強調が抜けてしまっている事が多々あります。
ここがポイントという箇所は、聞き手の心にしっかりと残さなければスピーチした意味がありません。

慣れないうちは、スピーチ原稿の強調したいワードに赤丸印を入れて強調するくらいの計算をしてください。

強調したい箇所を浮き立たせるには、抑揚だけでなく間もセットで考えなければいけません。

間とは、何も言わずに黙る沈黙の時間です。

話し手にとっては永遠とも思える恐怖の沈黙時間ですが、実は聞き手にとってはなくてはならないものです。

間には理解の間と強調の間の2種類があります。

理解の間は、それまで話していた内容を聞き手が頭の中で整理する間です。

この間がないと、情報整理ができないまま新しい情報をインプットせねばならず、間が少なくなると情報処理が追い付かなくなってしまいます。それが続くと、聞き手は聞くことを諦めてしまうようになりますので、必ずとらなくてはいけません。

強調の間は、他の箇所に比べて、ここが大事という単語や文章の前に取る間で、大事な箇所にスポットライトを当てるための、暗闇というようにイメージしてください。

暗闇が、何も言わない間、大事な言葉はスポットライトを浴びた出演者です。

強調の間も、聞き手にとってなくてはならない間です。

この間がないと、何を重要と捉えてよいのかわからず、情報整理が大変になります。「はい、ここ重要です！」と言わないまでも、間を取ることで聞き手は重要箇所なんだと認識してくれます。

理解の間と強調の間はそれぞれ、

理解の間　3秒～5秒
強調の間　1秒～3秒

です。

短い長いは、どの程度取りたいか、あなたの好みで結構です。
ただし、これ以下に短い間は、間とは呼べません。
「間が怖い」という人は、「自分にとって間が不快である」という考え方から、「間は聞き手にとって絶対に必要なもの」「聞き手のために取るもの」というふうに視点を逆転させるようにしてください。

文章全体を考えて抑揚をつける場合は、まず大事な箇所の前に、強調の間を取りましょう。

次に、強調する箇所を声のトーンを上げて話し始めます。

「誰か助けて～」と叫んだりするとき、低い声でさけびませんよね。

高い声で人の注意を引き付けようとするはずです。

聞き手の注意を引き付けやすいのは高い声です。

大事な所は、高めの声で話すと強調しやすくなります。

表現力に自信のある方は、間をとった後に、低い声でゆっくりと話し始めてみるのも効果的です。

声も大きい声のほうが強調しやすいのも事実ですが、ささやくような声で話してみると、逆にそこだけ強調できたりします。

強調は、単に強く言うだけでなく、さまざまな方法が考えられます。

是非、色々な表現方法を試すつもりで楽しみながらスピーチの仕方を工夫してみてください。

実践トレーニング19 ‖ 表現テクニックを磨く

抑揚、間、その他の強調テクニック（心を込めて読む、強く読む、静かに読むetc.）を使って、文章をあなたなりに表現してみましょう

リーダーシップとは、トランペットの音色が高らかに鳴り響くロマンティックなものだと思われている人もいます。

そういう場合もあるでしょう。

しかし私は、歴史とはたくさんのページからなる一冊の本だと思っています。

私たちは毎日、希望と意義に満ちた行動を積み重ねることによって、その本を一ページずつ書きあげていくのです。

〈１９８９年1月20日　ジョージ・H・W・ブッシュ第41代アメリカ大統領〉　ワシントンでの大統領就任演説（『スピーチの天才１００人 達人に学ぶ人を動かす話し方』　ＣＣＣメディアハウス　サイモン・マイヤー、ジェレミー・コウルディ著 池村千秋 訳）より引用

3　姿勢、表情、ジェスチャー、目線について

言葉を介さないコミュニケーションをノンバーバルコミュニケーションと言います。スピーチをする際に気を付けておきたいノンバーバルコミュニケーションの要素は、姿勢、表情、ジェスチャー、目線の4点です。

人前に立ち、緊張から心が動揺すると、誰でもその人なりのクセが出ます。よくあるクセが、姿勢の乱れ、表情、無駄な手の動き、目線の乱れなどです。これらのクセが出ると、あなたの緊張を聞き手に伝えてしまう要素となってしまうことがあります。

反対に、堂々とした姿勢、表情、ジェスチャー、目線を実践できれば、心の中はどんなに動揺していても、聞き手には「落ち着いて堂々と話している」と伝わります。

話し方や内容を完璧にしても、ノンバーバルコミュニケーションで損をしてしまっている人がいます。

話の内容は面白いのに、無表情で常に腕組みをすることがクセになってしまっていては、

逆にとっつきにくい人と誤解されてしまいます。

また、頭の回転が速く、思考が色々と飛ぶのに合わせて目線がせわしなく動いてしまう人は、落ち着きがない人と思われる場合があります。

話す技術は、こうしたノンバーバルコミュニケーションが与える印象も合わせた全体を指しますので、普段自分がどのように話しているのか、客観的に知っておかなければいけません。

では、緊張を伝える封印すべきクセにはどのようなものがあるのか、典型的な例とその対策を見ておきましょう。

姿勢とジェスチャー

スピーチの際の姿勢は、天井からつるされているようにまっすぐ背筋を伸ばして立つことです。

普段猫背で立っている人は、背筋をピンと伸ばすだけでも背が高く見えます。頭の上に手のひらを置いて、猫背の時と背筋を伸ばした時を比較してみると、5センチ以上違っている人もいます。

人前に立つ時は、背筋を伸ばして良い姿勢を保つことで、堂々とした印象を与えることができます。

どちらか片方の肩が下がっていたり、両肩がこわばって上がってしまうクセなども、普段は気づかれなくても、人前に立つと目立ってしまうことがあります。

また、緊張すると無意識に体を動かしてリラックスしようとすることがあります。スピーチで言うと、片足重心になって体を揺らしてみたり、ベルトや時計を触る、原稿を丸めるなどは、小さな動きでも聞き手から見ると無駄な動きに見えてしまいます。

無駄な動きをしないためには、効果的なジェスチャーをつければ、印象も良くなり一石二鳥です。

ジェスチャーには、言葉だけでは伝えきれない情報を、身振り手ぶりや表情を使って伝えるという役割があります。

人は聴覚から得られる情報よりも視覚から得られる要素を優先させますので、言葉だけではなく、ぜひジェスチャーも活用しながら立体的に伝えましょう。

数字や物の形状を手ぶりで表し、より伝わりやすくしたり、動きを出す時にその場でアクションを付けることで躍動感を出したり、喜怒哀楽などの感情を表情で表したり……スピーチの中でジェスチャーを付けられる箇所はいろいろあります。

また、具体的な何かを表現するわけではなく、感情が乗ったところで手を動かすジェスチャーも私はお勧めしています。

少し前までは、そういったジェスチャーは意味のない動作とされていましたが、今では外国人のようなダイナミックなスピーチを真似してジェスチャーを多めにつける人も少なくありません。

言葉と同時に自然と体が動くような場合は、それに任せてジェスチャーをつけて話してみてください。きっと伝えたい気持ちが盛り上がり、さらに開放的にスピーチができるようになるはずです。

あまりオーバーになりすぎたり、取ってつけたようにならないよう、ジェスチャーはあくまで感情の盛り上がりとリンクさせて行うようにしましょう。

姿勢もジェスチャーも、スピーチの空間を支配するものなので、それらのパフォーマンスの効果がどのくらい発揮されているのかを、私は「空間支配率」と呼んで、発声や発音と同じくらい重視しています。

ミス・ユニバース世界大会のスピーチ指導でも、外国の代表と比べて背が低い日本代表には、ジェスチャーを徹底してつけるよう指導していました。

物理的に空間を大きく支配する方が存在感を出すことができるからです。
あなたの存在を相手にしっかりと認識してもらうために、人前に出る時は背筋を伸ばした姿勢とジェスチャーに気を配ってください。

表情と目線

緊張状態は言い換えれば人間にとって「戦える状態」です。

人前に立つということは、相手が自分にとって「敵なのか味方なのか」わからない状態です。自分にとって安心できない状況である限り、どうしても人は緊張してしまいます。

そして、心が緊張すると、同時に体の筋肉もこわばります。すると、呼吸も浅くなり、心拍が速くなり、汗が出やすくなります。

スピーチをする際に、問題が生じるのは、ここから先です。

このような緊張状態をコントロールできずに暴走させてしまうと、いわゆる〝あがり〟という状態に陥ります。

体に力が入りすぎ、呼吸がスムーズにできず、声が出ない。顔の筋肉がこわばり表情がかたくなる、口が開けにくくなり早口になる。

過度な緊張状態になると、体を思うように動かせなくなり、いつもは自然にできることができなくなってしまうのです。

緊張はプロのアナウンサーであってもしますし、それ自体は悪いものではありません。防がなければいけないのは、先に挙げたようなスピーチのパフォーマンスを下げてしまう、緊張からくる二次的影響です。

中でも、聞き手の視線が集まりやすい、スピーカーの表情や目線が乱れていると心の動揺がストレートに伝わってしまいます。

表情・目線も、姿勢やジェスチャーの時と同じように、緊張して出やすいクセを知り、それと反対に、堂々と見える表情と目線を意図的に行うことに集中するようにします。

要するに、悪いクセを良いパフォーマンスに置き換えることでクセが出る隙をなくしてしまうのです。

まず、スピーチが始まる直前には、筋肉の緊張を解き、お腹から声が出るように深呼吸して、深く呼吸できることを確認します。

さらに、表情筋が固まってしまうことを防ぐには、口を開けたり締めたりしながら、口周りの筋肉（口輪筋）をストレッチし、口を開けやすくしておくことです。

また、緊張して焦ってしまうと、どんどん早口になっていきますので、普段よりしっかりと大きく口をあけ、ゆっくりしたテンポで一音一音丁寧に発音することを心掛けます。

ＴＰＯによりますが、基本的には笑顔で話す方が好印象です。

顔がこわばってしまい、笑顔が作りにくいという人は、口角を上げて下あごを下げて「え」と発音してみてください。

その時、口角は笑っている時のように上がっていることが大切です。

女性アナウンサーは、口を逆三角形にハッキリ開けた笑顔が得意ですが、これは口輪筋を使って、しっかりと口角を上げて話した方が表情も、声の印象も明るくなるからです。

口角を上げて話すことを心掛けていれば、緊張していても自然と笑顔が出ますし、口もしっかりと開けられるので早口を防ぎ、明確な発音をすることができます。

最後に目線です。

目線の乱れには、目線があちらこちらにせわしなく動くタイプ（目が泳ぐタイプ）、目を伏せてしまうタイプ、逆に天井を見たり左右に動かすタイプ、まばたきが多くなるタイプ、などがあります。

考える時に目を伏せたり、左右に目線が動いたりするのは自然なことですが、意味なくしょっちゅう目線を動かしていると、聞き手はそれをクセとして認識します。すると、聞き手は話の内容よりそのクセばかりが気になってしまいます。

目線には心が表れやすいので、意識的にコントロールするのは難しいのですが、この場合も、堂々と見えるパフォーマンスに置き換えることで、目線の乱れを最小限に抑えることができます。

スピーチの際の目線の動かし方は、「ワンセンテンス・ワンブロック」をお勧めします。これは、会場の聞き手、一人ひとりに向かって語り掛けているような印象を与えるため、大統領スピーチなどで使われるテクニックです。

大勢の人を前にすると、誰を見てよいのか、どこを見るべきなのか迷ってしまいます。そういう時には、会場を3つ程度のブロックに分け、右から左へ目線を動かしながら各ブロック万遍なく視線を送るようにします。

ブロックにいる聞き手を見るようにするのもいいですし、ぼんやりとブロック全体を見ていても結構です。

会場が大きい場合は、左右だけでなく、ブロックの前後も意識して目線を動かすと、会場にいるすべての人を自分のスピーチに取り込んでいくような、ダイナミックな話し方に見せることができます。

会議など、聞き手が少ない場合は、「ワンセンテンス・ワンパーソン」といって、目線を動かしながら一人ひとりを見るといいでしょう。

うなずきながら聞いてくれる聞き上手な人ばかりに視線が行きがちですが、無表情で聞いている人や、腕組みをして聞いている人にもしっかり目線を合わせて話すようにしましょう。すると、その人たちも聞く態度を改め、しっかりとあなたの話を聞こうとしてくれるはずです。

このように、コントロールが難しいと思われる緊張や緊張が引き起こすクセも、正しい方法を知り意識して封印することで、スピーチのパフォーマンスを格段に上げることができます。

この本では、ほんの少ししかご紹介できませんでしたが、拙書『革命的話し方メソッド』（ポプラ社刊）では「発表」に属する話し方の具体的なトレーニング方法を詳しくご紹介しています。是非活用してみてください。

おわりに

この本を書くお話をいただいた時、2つの案があがりました。

一つは、「誰でも簡単にスピーチ上手になれる本」、もう一つは「リーダーが人を動かす話し方の本」

私は、本を書くなら、迷わず後者だと思いました。

誰でも簡単にスピーチ上手になるというテーマの本は、今や書店にあふれていますし、私自身何冊も書いてきました。

現代で、スピーチ技術と言えば、発声や発音、ジェスチャーなどの技術が主流です。

なぜかと言うと、スピーチは、いわゆるこのような話し方の基本技術があれば、ある程度上手く聞こえてしまうからです。

でも、実際はスピーチ上手になれたとしても、そこから先、この本でも書いたように、話すことの本来の目的は達成できません。

私は、そのことを知っていたのにもかかわらず、そのための技術をお伝えしてきたのは、一部のリーダーの方たちのみでした。

本著で多く引用したアリストテレス。

「はじめに」でお話ししたように、私が、スピーチで〈人〉を伝える技術をひも解いていった先に行きついたのは、古代ギリシアのアリストテレスでした。

今から2000年以上前に、この技術は、市民が身につける教養にまで浸透していたにもかかわらず、どんどん便利になっていく世の中にあって、私たちは話すことで人を説得する機会を失ってきました。

古代ギリシアなどと違って、法整備や政治のしくみといった国家の体制がきちんと整っていれば、自らが話すことで相手を説得せずとも、トラブルは回避できたり、解決することができるようになったのです。

そんな中、人々を牽引するリーダーには、いつの時代も、スピーチで人を説得する使命があります。

私は長年、そのような日本の経済や政治、国政を担う一部のリーダーたちに、「人の心をスピーチで動かす」という、動かされる立場の人が知らない秘密のテクニックを伝授してきたのです。

聞き手の心理を利用するようで、背徳感さえ覚えるこのテクニックは、いわば、トップリーダーのための、門外不出のメソッドのようなものでした。

なぜ、今、その種明かしをしようと思ったのか？

それは、スピーチトレーナーとして、話し方の技術が、あまりにもインスタントで単純なものになっていくのを避けたかったからです。

いい声で、明瞭に発音し、ロジカルに構成すれば、印象よく話すことはできるでしょう。でも、それで満足でしょうか。

話すということは、自分を良く見せることが目的ではなく、自分を相手に伝え、相手を受け取るためにあります。

そして、その先にはいつも目的があります。

それは、仕事やプライベートの成功を手に入れるのと同時に、自分を取り巻く大切な人との関係性を良好に保つこと。

これらは、まさに時代を経て、私たちが忘れてしまったこと。

アリストテレスが提唱した古代レトリックの基本ではないでしょうか。

今後、テクノロジーはますます進化し、私たちのコミュニケーションの手段はさらに簡略化されていくでしょう。

それに伴って、話すことで相手に自分を伝える機会も、どんどん減っていくと思います。

機械に入力したり、ロボットに話しかけることで事足りる世の中がすでに始まっています。

私たちはいつか、自分自身がどんな価値観をもち、何を大事に生きているかも忘れてしまうかもしれません。

だからこそ、この本を書きたいと思いました。

単にリーダーが人を動かすためだけに使う技術ではなく、どんな人も、自分という〈人〉を明確に知り、それを相手に伝えられる。そして、相手の真意を汲み取って、共感できるための技術。

いにしえの偉人に学ぶ話し方の技術は、２０００年を超えて現代の私たちにこそ必要な、人生を豊かにする技術なのです。

最後に、この本を手に取り、最後まで読んで下さった皆様と、この本で事例を紹介させていただいたリーダーの皆様、メソッドを構築する上で数々の気づきやアドバイスを下さった、私のスピーチトレーニングを受けて下さったすべての皆様に、心から感謝いたします。

KEE'S代表　野村絵理奈

参考文献・引用文献

「アリストテレス全集18」
堀尾耕一、野津悌、朴一功訳　岩波書店

「オックスフォード&ケンブリッジ大学　世界一『考えさせられる』入試問題『あなたは自分を利口だと思いますか?』」

ジョン・ファードン著／小田島恒志、小田島則子訳　河出文庫

「弁論家について　上・下」
キケロー著／大西英文訳　岩波文庫

「わが闘争（上）」
アドルフ・ヒトラー著／平野一郎、将積茂訳　角川文庫

「ヒトラー演説　熱狂の真実」
高田博行著　中公新書

「出発点 1979～1996」
宮崎駿著　徳間書店

「WHYから始めよ!　インスパイア型リーダーはここが違う」
サイモン・シネック著　栗木さつき訳　日本経済新聞出版社

「新訳聖書」
新共同訳　日本聖書協会

「完全なる経営」
A・H・マズロー著／金井壽宏監訳／大川修二訳　日本経済新聞出版社

「マズロー心理学入門　人間性心理学の源流を求めて」
中野明著　アルテ

リーダーズ・スピーチ

実例1
「マネー現代」公式サイト（https://gendai.ismedia.jp/money）より引用

実例2、実例3、実例7、実例9
音源を元に作成　漢字、仮名表記、改行などは、筆者の判断による

実例6
「世界を動かした21の演説　あなたにとって『正しいこと』とは何か」（クリス・アボット著／清川幸美訳　英治出版）より引用

実例4、実例5、実例8、実例 10、実例 11、実例 12、実例 13
音源を元に筆者が翻訳し、作成

profile

野村絵理奈

（のむら・えりな）

株式会社KEE'S代表取締役社長。兵庫県出身、同志社大学法学部卒。NHK松山放送局キャスター、気象予報士を経て、2005年に株式会社KEE'S設立。主な著書に『世界一の美女になる話し方』『5000人を変えた!話し方の新・習慣77』『ビジネスは話し方が9割』『世界のエリートが実践！ 革命的話し方メソッド』（すべてポプラ社）などがある。

株式会社KEE'S

現役アナウンサー（約50名）が講師として、放送局で培った技術と経験を元に、スピーチのマンツーマン指導、企業研修を行っている。
企業トップなどエグゼクティブスピーチトレーニングをはじめ、企業約600社、5万人以上が受講。
スピーチ・プレゼンテーション、コミュニケーションをはじめ、2010～2016ミス・ユニバース・ジャパンスピーチトレーナー、経産省創設「おもてなしスキルスタンダード」認定研修事業者、kids スピーチ教室などさまざまな話し方教育を展開している。

STAFF

デザイン　**ソウルデザイン**
編集協力　**熊本りか**

THE SPEECH
人を動かす話し方

2020年3月23日　第1刷発行

著　者　野村絵理奈
発行者　千葉　均
編　集　碇　耕一
発行所　株式会社ポプラ社
〒102-8519　東京都千代田区麹町4-2-6
Tel:03-5877-8109（営業）
03-5877-8112（編集）
一般書事業局ホームページ　www.webasta.jp

印刷・製本　中央精版印刷株式会社

N.D.C.361 ／ 351p ／ 19cm　ISBN978-4-591-16609-3

落丁・乱丁本はお取替えいたします。小社（電話 0120−666−553）宛にご連絡ください。受付時間は月〜金曜日、9:00〜17:00（祝日・休日は除く）。いただいたお便りは、事業局から著者にお渡しいたします。

P 8008276